乗り遅れるな！
ベトナムビジネスがいま熱い

カナリア書房

■ベトナムとその周辺国

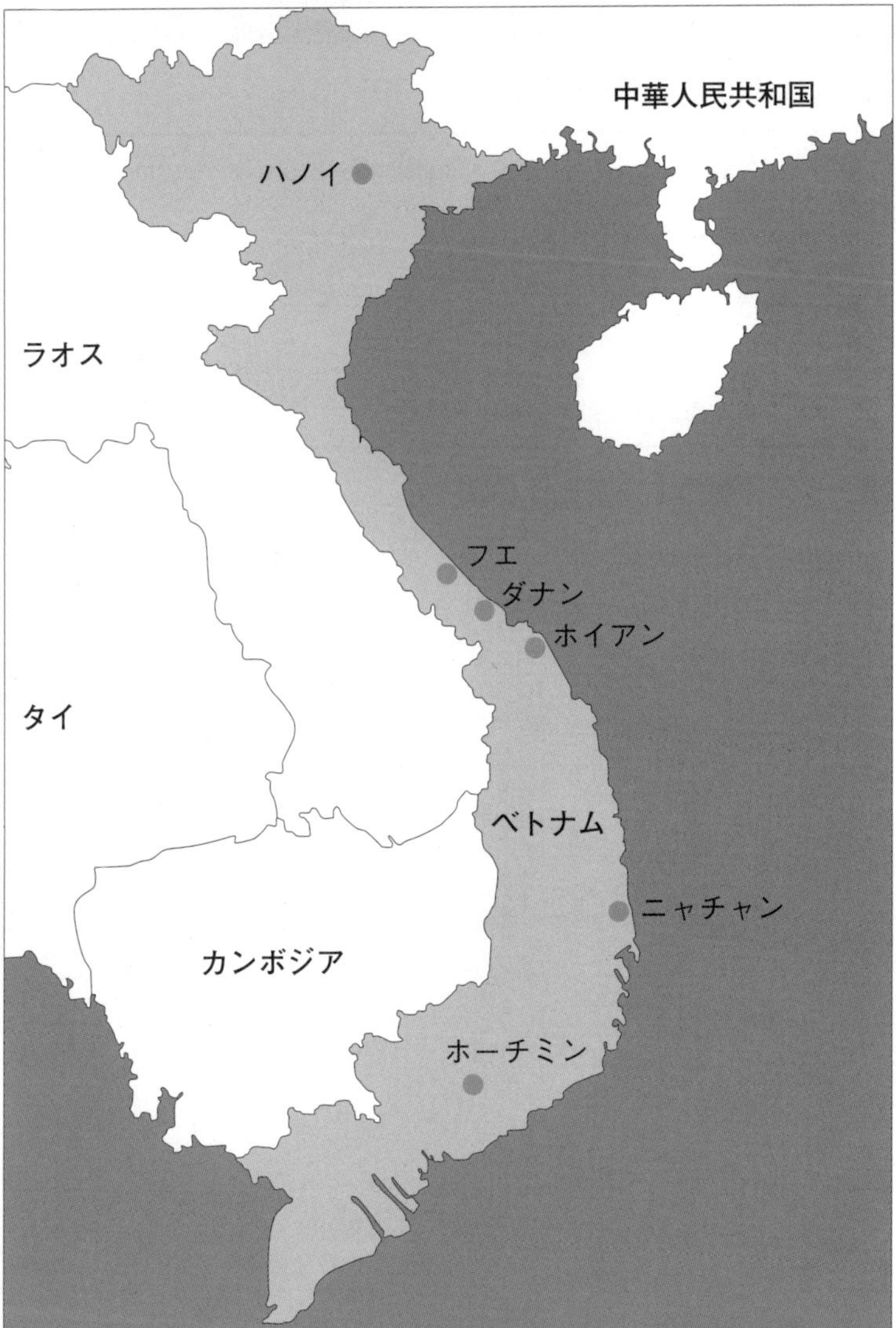

成長スピードが加速するベトナム

■ COUNTRY PROFILE

■国名：ベトナム社会主義共和国（Socialise Republic of Viet Nam）
■人口：約 8,312 万人（2005 年末）
■首都：ハノイ
■公用語：ベトナム語
■ GDP：513 億米ドル
■ 1 人当たり GDP：618 米ドル
■日系企業進出数：555 社 ※備考：ベトナム日本商工会（ハノイ）とホーチミン日本商工会の合計（06 年 6 月）

■アジア各国の１人当たり GDP

単位：米ドル

1	日本	35,757
2	シンガポール	26,836
3	ブルネイ	25,754
4	香港	25,493
5	韓国	16,308
6	台湾	15,203
7	マレーシア	5,042
8	タイ	2,659
9	モルディブ	2,350
10	中国	1,709
11	インドネシア	1,283
12	スリランカ	1,200
13	フィリピン	1,168
14	ブータン	1,126
15	モンゴル	736
16	パキスタン	728
17	インド	705
18	ベトナム	618
19	ラオス	485
20	カンボジア	430
21	バングラデシュ	400
22	東ティモール	352
23	ネパール	322
24	アフガニスタン	300
25	ミャンマー	219

※ IMF World Economic Outlook（2006 年 9 月）より作成

■日本との貿易推移（通関ベース／億ドル）

年	日本の輸出 (A)	日本の輸入 (B)	収支 (A-B)
2003	26.1	30.8	▲ 4.7
2004	31.8	38.6	▲ 6.8
2005	35.9	45.4	▲ 9.5

※外務省および財務省、独立行政法人・日本貿易振興機構（ジェトロ）の資料を参考に作成。GDP に関しては IMF 資料（2006 年 9 月）を参考

■日本の対ベトナム直接投資額の推移（実行ベース）

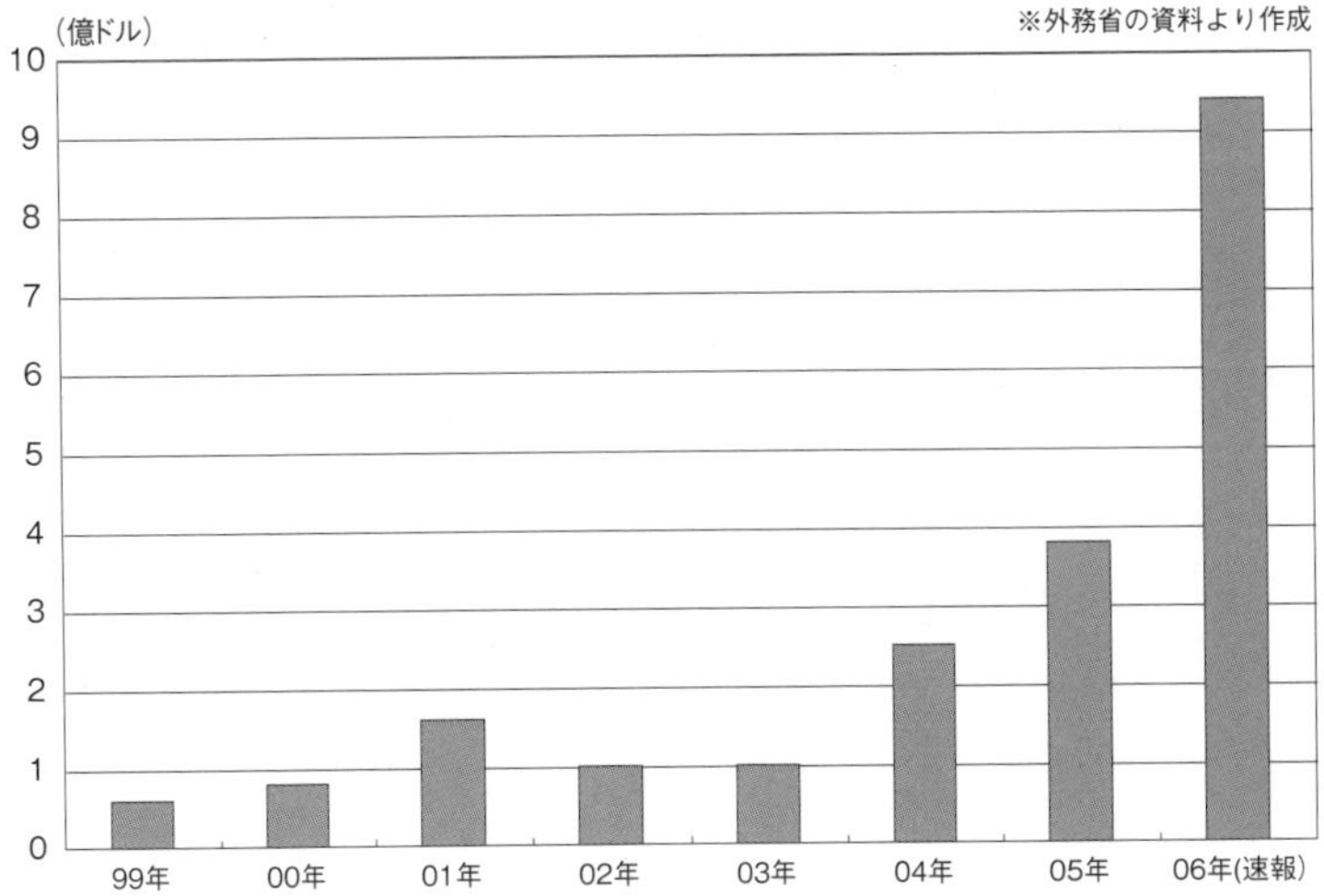

■ベトナム株インデックスの推移（2006年3月～2007年3月）

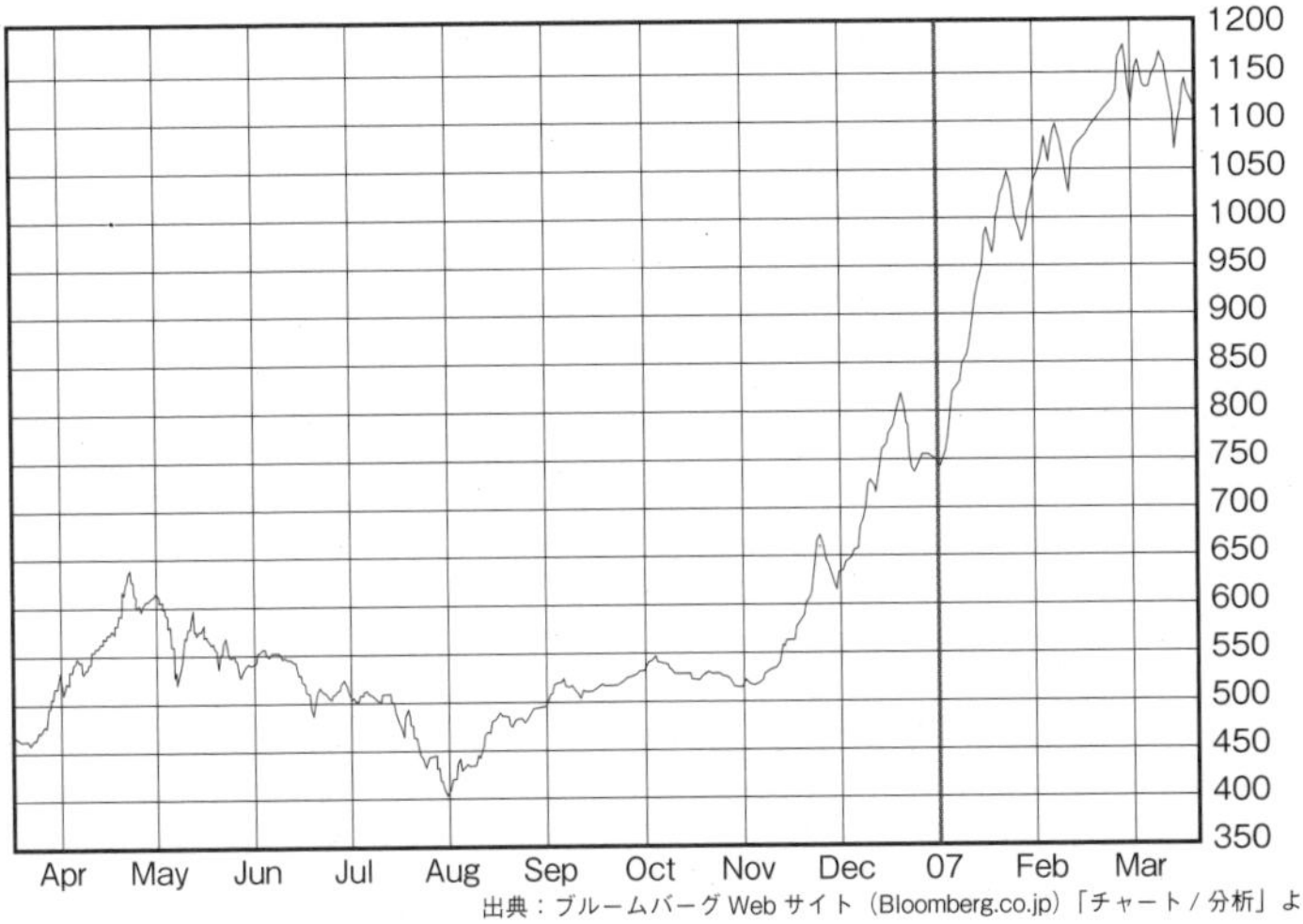

出典：ブルームバーグWebサイト（Bloomberg.co.jp）「チャート／分析」より

はじめに

いま世界経済の中心が大きく変わると言われている。かつて、欧米中心だった経済の潮流は、高度成長という大きなうねりと共にアジア各国へ傾き始めている。中国やインドの台頭は知る人も多い。しかし、それ以外のアジアの国々も潜在的な成長余力を蓄えており、今や世界中の投資家の注目を集めている。

そのなかでも、いま経済という視点から世界を俯瞰したとき、最もホットなのは間違いなくベトナムである。一次産業から二次産業、さまざまな輸出産業の拡大に加え、国内市場の経済成長は急激に進んでいる。それにあわせ、ベトナムに対して世界の投資家が資金を投入し始めている。2006年、ベトナム株インデックス指数は急激に上昇を示し、2007年に入るとその上昇カーブはさらに加速している。2006年5月から比べれば、現在（2007年4月）はすでに2倍以上の指数を示しており、世界の大手証券会社が、このベトナム株式市場への進出を画策している。

このようなベトナムの現況をわが国にたとえるなら、世界の経済大国へ名を連ねたあの高度経済成長の真っ只中といっても過言ではないだろう。そこには確実に大きなエネルギーの胎動があり、さらなる成長が現在進行形で続いている。

バブル崩壊以来、わが国の経済は不況から脱し切れていない。一部では景気の回復が伝えられているが、その恩恵を享受しているのは大企業や特定の分野に偏っているのが実状だ。ことに全企業の99パーセント以上を占める中小企業の苦戦は想像に難くない。

そんな厳しいときこそ、中小企業はあえてアジアを遠望したい。成長真っ只中のベトナムに触れれば、かつての日本の熱きエネルギーのうねりを肌身で感じることができるだろう。その大陸には、世界の投資家や企業を魅了する無限の可能性が広がっているのだ。

本書ではそんなベトナムの現状、成長の背景、周辺についてわかりやすく解説した。ことにこれからベトナムへの投資、参入を考えている方には、何よりも情報武装が不可欠である。その観点から、成功の秘訣、成功事例の解説には頁を割いてある。

近い将来、世界経済は激動の時代を迎えるだろう。そのとき日本は取り残されることなく、その荒波を突き進んでいけるだろうか。本書がその舵取りの一助と、そして日越の経済関係の活性化に役立てば幸甚である。

平成19年4月　ブレインワークス編集担当

乗り遅れるな！　ベトナムビジネスがいま熱い●コンテンツ

第1章　急成長を遂げるベトナム市場は、中小企業にとって現代の新大陸だ

第2章 なぜ中国ではなくベトナムなのか、ベトナムの魅力を探究する

第3章 市場経済国ベトナムの誕生。WTO加盟で新たな一歩を踏み出す

第4章 もうはじまっているベトナム株式投資。ブームに乗り遅れるな！

第5章 まずは己を知り、ベトナムを知れ。投資、参入の成功は情報武装から

企業事例集 ベトナムで躍進する参入企業の成功の秘訣とは？

第1章　急成長を遂げるベトナム市場は、中小企業にとって現代の新大陸だ

2005年12月に、マレーシアのクアラルンプールで第1回「東アジアサミット」が開催された。アセアン（ASEAN：東南アジア諸国連合）諸国10カ国プラス日本・韓国・中国、さらにオーストラリア・ニュージーランド・インドを加えた16カ国の首脳が、「東アジア共同体」形成に向かう合意を交わした。

この「東アジア共同体」は、今後の日本の経済成長の主要な舞台になりうる。なぜなら人口減少に向かう日本が、日本国内市場だけで今後も経済成長するとは考えられないからである。アジア諸国の経済成長と共に日本も成長するという以外、日本の進路選択はありえない。それは米国を含めた先進諸国も同様の考えであろう。そのアジアの中で、最も注目されるのがベトナムである。

このベトナムで、現在、中小企業を中心として「第2次投資ブーム」がはじまっている。中小企業経営者にとって、ベトナムを無視することはできない。

※第1章・第2章内に掲載している第1表〜第8表の出所・注釈等および本文中の注釈については巻末頁に明記しています。

中国に次いで、ベトナムでは堅調な経済成長率が継続

第1表は、東アジアサミット参加国（ブルネイを除く）とBRICsの経済成長率（実質）を示している。このBRICsとは、ブラジル・ロシア・インド・中国の4カ国の頭文字をとった造語であり、アメリカの大手証券会社ゴールドマン・サックス社が、2003年秋の投資家向けリポートにおいて、今後の世界の経済成長をけん引する国としてこれら4カ国を指摘した。

第1表の中で、確かに中国の経済成長は最小7・5％から最大9・1％となっており、最も堅調な高成長率を示している。しかし、ロシアやインドの成長率にはバラツキがあり、ブラジルは2003年にマイナス成長となっている。以上のようにBRICsの経済成長は、中国を除けば、やや「かけ声倒れ」という印象もなくはない。そうでないとすれば、かなり長期的な視点での経済成長を指摘したと考えるべきであろう。これに対してベトナムは、6％後半から7％の成長を示し、明らかに中国に次ぐ経済成長国といって間違いない。さらに最近では、8％超の成長率である。

戦後の日本・韓国・台湾の高度経済成長の要因について、1980年代後半に米国の社会学者が注目し、その要因について研究したことがある。そこでは、これらの国々の共通点として儒教社会であることや、企業集団または財閥の存在が指摘された（注1）。社会主義思想の影響で中国は儒教の影響が希薄になっているように聞いているが、これに対してベトナムは、筆者の印象では、まさに儒教社会である。儒教が経済成長に与える影響が大きいとするなら、ベトナムは日本・韓国・台湾に次ぐ経済成長を達成

第1表　国別の海外直接投資　　BRICs

	2000	2001	2002	2003年
ベトナム	6.79	6.89	7.08	7.34
中　国	8.00	7.50	8.00	9.10
日　本	2.80	0.41	0.32	2.70
韓　国	8.49	3.84	6.97	3.07
カンボジア	7.03	5.67	5.48	7.64
インドネシア	4.92	3.44	3.69	4.12
ラオス	5.81	5.68	5.00	5.00
マレーシア	8.50	0.30	4.19	5.20
ミャンマー	13.75	9.70	-----	-----
フィリピン	5.97	2.96	4.43	4.52
シンガポール	9.41	－2.37	3.29	1.09
タイ	4.76	2.14	5.41	6.74
インド	3.94	5.15	4.59	8.00
オーストラリア	1.75	3.94	2.74	2.40
ニュージーランド	2.67	3.48	4.35	2.70
ブラジル	4.40	1.40	1.50	－0.20
ロシア	10.00	5.10	4.70	7.30

すると予想できる。

第2表は、ベトナムの経済（GDP）成長率を所有形態別・産業別に示している。2004年について見れば、鉱工業・建設が経済成長の推進役を果たしている。とくに電力・水道などインフラ整備が12・0％の成長となっている。2005年には水不足のために北部ホアビンの水力発電所が発電制限され、ハノイで一定時間の停電があった。安定的な電力供給は経済成長の基盤である。この意味で、ベトナム政府による電力・水道の重点的な成長政策は妥当である。

これに対して、農業（2・9％）と林業（0・8％）が低成長である。ベトナムはコメとコーヒーの世界第2位の輸出国であるが、これらは世界市場の価格変動の影響を受ける。輸出が増加したとしても、世界市況が低調であれば、経済成長の上昇には貢献しない。さらに生産量は天候に左右される。これが低成長の理由であると思われる。また、ベトナムがWTO（世界貿易機構）加盟を果たせば、農産物の輸出入の自由化が迫られる。これは競争の激化を意味する。

なお私見では、WTO加盟が農産物の輸出増加に貢献するかどうかは不透明である。すでに安価な熱帯フルーツ類がタイから輸入されるようになっているが、主力輸出品のコメとコーヒーは輸出を増加させる可能性もある。他方、ベトナムの地域的な所得格差は、都市部と農村・山岳部で発生している。この是正は政治的安定に不可欠である。しかし、WTO加盟となれば、農業支援のための補助金などの支出はできなくなる。この場合、農業に代わる製造業の育成が農村・山岳部における政策課題となる。

以上のような問題はあるにせよ、ベトナムの経済成長は堅調に継続してきた。それをけん引してきた

第2表　ベトナムの産業別GDP成長率

	1999	2000	2001	2002	2003	2004年
総　計	4.8	6.8	6.9	7.1	7.3	7.7
国　　有	2.6	7.7	7.4	7.1	7.6	7.7
非 国 有	6.3	6.2	6.5	7.1	7.1	7.6
農林水産業	5.2	4.6	3.0	4.2	3.6	3.5
農　　業	5.5	4.0	2.1	4.1	3.2	2.9
林　　業	3.1	0.4	0.5	0.5	0.8	0.8
水 産 業	3.8	11.6	11.5	5.7	7.7	8.5
鉱工業・建設	7.7	10.1	10.4	9.5	10.5	10.2
鉱　　業	13.4	7.2	4.1	1.1	6.3	11.3
製 造 業	8.0	11.7	11.3	11.6	11.5	10.1
電力・水道	7.7	14.6	13.2	11.4	11.9	12.0
建　　設	2.4	7.5	12.8	10.6	10.6	9.0
サービス業	2.3	5.3	6.1	6.5	6.5	7.5
商　　業	2.0	6.3	7.0	7.3	6.8	8.4
ホテル・飲食業	2.5	4.1	6.7	7.1	5.1	7.4
交通・通信	6.3	5.8	6.6	7.1	5.5	8.1
金融・銀行・保険	10.0	6.1	6.3	7.0	8.0	8.1
科学技術	－9.0	24.0	11.3	9.1	7.1	7.4
不動産・賃貸業	2.1	2.6	3.3	3.8	5.3	4.3
公共サービス	－5.5	3.9	5.2	3.9	5.2	5.9
教育・訓練	2.3	4.0	5.7	8.1	7.5	7.7
健康・福祉	4.0	6.4	5.2	7.5	8.7	7.9
文化・娯楽	6.6	6.4	2.9	3.5	8.9	7.5
党・協会	1.0	5.7	5.4	5.7	5.4	6.2
地方社会サービス	2.4	3.1	5.1	5.4	6.1	6.7
民間家事雇用	1.5	3.1	2.8	1.0	3.6	3.6

のは外国直接投資である。外国直接投資によって外貨が流入し、現地の生産活動において生産や各種サービスの技術が移転される。ベトナムのような途上国の経済発展にとって、外国直接投資の促進は不可欠である。

外国直接投資は好調。投資プロジェクトの高い実行率は日本の信頼感を増す

ベトナムに対する外国直接投資（ＦＤＩ）が好調である。ベトナム計画投資省の市川匡四郎ＪＩＣＡ専門家によれば、２００５年の対ベトナム直接投資の新規認可件数（８１０件）と実行金額（33億ドル）が過去最高に達した。さらに日本についても、新規認可件数（97件）がやはり過去最高を記録した。これは、日本企業における「第2次ベトナム投資ブーム」の到来であると判断される。

これより前の「第1次ベトナム投資ブーム」は、米国の対ベトナム経済制裁が撤廃された１９９４年の前後と考えられる。当時は、トヨタ・ホンダ・ソニー・松下電器・三洋電機・富士通などの大手企業が進出した。大手企業の投資が一巡した後、それらの部品製造を担う中小企業の進出が期待されたが、それが大きな動きにはならなかった。

それは１９９７年からはじまる「アジア通貨危機」によって、外国投資全体が低迷したことが原因のひとつである。しかし今日、大手企業の工場増設が続き、それにともなって部品製造の中小企業の進出が顕著になってきた。その結果、前述のように投資認可件数が２００５年に過去最高に達したのである。

このような背景には、国際環境に適応しようとするベトナム政府の努力がある。ベトナムはアセアン

加盟を1995年に果たし、1998年にはアセアン+3カ国の首脳会議を開催し、2006年11月には、APEC（アジア太平洋経済協力）サミットをハノイで主催するまでになった。また、2007年1月11日に150番目のWTO加盟国となった。このような国際関係の発展と深化は、ベトナムの政治的・経済的な安定性を高めることに役立っている。もし非市場的・非開放的な経済政策を政府が実施すれば、これまでに積み上げてきた国際的信用が一気に崩壊する。そのような愚挙をベトナム政府は行わないと考えられる。

JETROハノイセンター所長・石渡健二郎氏によれば、日本企業がベトナムに投資する理由は次の5点である（注2）。

(1)地理的な優位性がある。中国とアセアン諸国の2つの巨大市場をベトナムは結びつける。

(2)政治的に安定している。

(3)ほかの周辺諸国に比較して労働者の賃金は低い。

(4)しかもベトナムの労働者は勤勉である。

(5)ベトナム人の対日感情は良好である。

以上に加えて、多数の日本企業は中国進出の代替えもしくはリスクヘッジとしてベトナムをみなしている。これらは、JETRO調査に基づいた結果である。さらに、私の知人の中小企業経営者はベトナム人が日本人に似ていることをベトナムの魅力として説明した。

「宿泊ホテルでの従業員の仕事ぶりを見ていると、フロントで清掃している従業員の仕事をその側にいた警備員が手伝っていた。自分の職務しかしない従業員が外国で多い中で、このように従業員がお互いに助け合うことができる国は珍しい。これがベトナムの魅力だ」

この事例は、ベトナム国民の気質の一例を示している。私の調査によれば、ベトナム人従業員の勤労意欲の源泉は、金銭的報酬よりも「働きがい」などの精神的な満足感であるという結果がある（注3）。これは、少なくともベトナム人の精神文化が、個人主義・利己主義だけではないことを示している。私は、儒教精神が日本以上に色濃くベトナムに残っていると考えているが、この儒教精神の具体的な内容については議論の余地がある。しかし少なくとも、他の東南アジア諸国と違って、儒教文化がベトナムの特異性であるという指摘は間違いない。このようなベトナム人の国民性については、次章で紹介する。

第3表は、昨年の国別の直接投資を示している。投資金額が多い順に、シンガポール・台湾・日本・韓国・香港となっている。ここで注目すべきは、投資プロジェクトの資本総額と実施資本額との相違である。前者を後者で除した割合は、①シンガポール：47・6％、②台湾：37・1％、③日本：72・9％、④韓国：46・7％、⑤香港：53・9％である。この投資実施率が低いということは、プロジェクトを申請したが、実際には未着工であることを意味している。この未着工の中には、認可済みのプロジェクトを後に転売するという投機的な投資も含まれている。しかし、この転売は現在では禁止されている。

投資プロジェクトの実施総額で日本は最大であり、その実施率も高い。さらに日本のＯＤＡ供与も最大である。これらのことは、ベトナムにおける日本に対する存在感・信頼感を醸成している。第3表によれば、いわゆる租税回避地の国（地域）が含まれている。英領バージン諸島、ケイマン諸島、バーミュ

第３表　国別の海外直接投資

	2005年1月1日～12月20日		2005年12月20日まで累　計		
国・地域	プロジェクト数	資本総額（100万USD）	プロジェクト数	資本総額（100万USD）	実施資本額（100万USD）
1. シンガポール	55	155.8	395	7,599.0	3,619.7
2. 台湾	145	344.6	1,408	7,932.0	2,939.0
3. 日本	94	378.8	590	6,193.0	4,512.7
4. 韓国	190	551.6	1,029	5,278.7	2,463.0
5. 香港	34	386.0	354	3,697.0	1,992.0
6. フランス	22	24.0	163	2,171.0	1,181.5
7. 英領バージン諸島	31	79.5	247	2,653.0	1,246.0
8. オランダ	9	33.0	61	1,948.0	1,785.0
9. ロシア	1	2.0	47	278.0	202.5
10. 連合王国	6	6.2	68	1,247.7	633.0
11. タイ	12	30.4	128	1,451.0	806.5
12. マレーシア	16	123.6	179	1,502.6	834.5
13. 米国	49	146.9	260	1,455.6	727.9
14. オーストラリア	15	5.5	115	664.6	342.2
15. スイス	5	5.2	33	686.4	718.4
16. ケイマン諸島	2	2.0	14	499.2	361.7
17. ドイツ	13	14.3	69	343.5	159.8
18. スウェーデン	0	0.0	9	30.1	14.1
19. バーミューダ	0	0.0	5	260.3	193.5
20. フィリピン	3	4.1	23	233.4	85.5
その他	96	1709.05	706	4,283.8	1,490.0
合　計	798	4002.6	5,918	50,534.6	26,963.0

ーダである。これらの投資主体は、別に本国をもっており、これらの国（地域）に節税目的でペーパーカンパニーを設立しているのである。これらの事情をベトナム政府も承知しており、それが国内の不正取引に利用されないか注視している。

第2次ベトナム投資ブームでは、投資環境の改善が進む

前述の第1次ベトナム投資ブームと最近の第2次ベトナム投資ブームの相違について、次の5点を指摘できる。

⑴今日では、外国企業や市場経済についてベトナム政府の理解が深まった。第1次当時の政府は「進出させてやる」という態度であったが、今日では「進出していただく」という意識に徐々に変わってきている。より具体的には、外国資本100％の投資も可能となった。英語を理解する政府の若手人材が豊富になった。投資認可も簡易化・短期化された。2006年7月1日から統一企業法・共通投資法が施行され、法整備が格別に進んだ。これらの投資環境の改善には、第1次投資ブームの後にホーチミン市の日系企業と市当局者との間で始まった「日越投資・貿易ワーキンググループ」が大きな役割を果たしてきた。その成果が「日越共同イニシアティブ」や「日越投資協定」の締結となって今日に至っている。

⑵第1次当時に進出した富士通コンピュータ・松下電器・マブチモーター・トヨタ・ホンダ・三洋電機などが、今日では成功企業となっている。これらの企業が蓄積してきた経営ノウハウが今日では広く活用できる。それにともなって、これらの大企業に部品供給する中小部品製造企業のベトナム進出が増

加している。ハノイとホーチミン市の日本商工会の会員数は毎年増加しているが、第1次ブームの当初は、その「結社の自由」すら認められていなかったのである。

(3)JICAによるODA支援は道路・橋梁・港湾のみならず、ビジネス・日本語・ITの教育にまで及んでいる。第1次の当時は、ハノイとハイフォンを結ぶ国道5号線の改修工事がはじめられたばかりであったが、今日では北部の主要幹線となっている。さらに、多数多層のベトナム人を日本政府は研修生として招聘してきた。日本研修経験者のほとんどは、日本や日本人に親近感をもつようになり、日本企業における生産管理の基本である5S（整理・整頓・清掃・清潔・躾）の知識は広く普及している。このようにベトナムと日本の関係は、第1次ブーム時に比べて経済的・人的に格段に発展・深化している。

(4)今日では日本料理店がホーチミン市のみならずハノイでも急増し、日本人学校も整備・改装されている。ハノイ近郊には、初めての日系ゴルフ場が2006年6月から開業している。ベトナム国内市場の発展は、ホテル・タクシー・レストラン・アパートなどを増加させた。外国人にとって現地の生活環境は驚異的に改善された。これまで輸出加工型企業が成功すると言われてきたが、即席麺の製造販売をするエースコックの成功事例は、国内市場志向企業でもベトナム市場で十分に健闘できることを証明した。なお同社は、ベトナム人向けの「ふりかけ」の現地生産・販売を2006年4月から開始し、総合食品メーカーを志向しているとみなされる。

(5)第1次ブームが大手企業の先行進出であったが、第2次ブームは中小・中堅企業が投資している。このことは、1件当たりの投資金額が第1次に比べて第2次が小さいことが示している。たとえば、新規認可1件当たりの申請投資金額は、1995年に2億4043万ドルであったが、2005年には421万ドルである。

また北部では、住友商事によってタンロン工業団地が2000年にハノイで竣工した。それ以前には、野村ハイフォン工業団地が完成していた。しかし、「アジア通貨危機」の影響で進出企業数は低迷し、その前途が危ぶまれた。それが今日では完売となり、タンロン工業団地では第3次の拡張工事が始まっている。これらの工業団地は、中小企業が生産活動に集中できる経営環境を提供してくれる。工業団地の土地代は中小企業にとって高いように思われるが、それに応じた経営支援サービスを受けることができる。

第2次投資ブームには、トヨタ・ホンダ・キヤノン・三洋電機・JUKI・日本酸素など第1次ブームで進出した大手企業の追加投資も含まれている。これらの大手企業の中には、松下電器のように南北統一以前の南ベトナムでの操業経験をもった企業も含まれており、純粋に初めてのベトナム進出というわけではなかった。これらの大手企業は資金的・人材的に体力があるために、ベトナム政府側の政策不備・政策矛盾や「アジア通貨危機」後のアジア成長低迷期にも耐えることができた。

この「忍耐の時期」に進出日本企業の経営者は、在ベトナム日本大使館の協力を得て、ベトナム政府との交渉を粘り強く進めてきた。その結果が、今日の投資環境の改善・改革に結びついている。この時期に、ベトナムは「暴力バー」に似ているといった批評をするマスコミがあった(注4)。確かに、当時のベトナム政府は市場経済における政策運用に不慣れであり、国際ビジネスの慣行に国有企業は習熟しておらず、ベトナムの投資環境は不十分であった。1週間ほどのベトナム取材でそれらを批判して終わるのか、その改善・改革に粘り強く取り組むのか。今日の第2次投資ブームについて、この批判者は何とコメントするのであろうか。自らの不明に恥じ入るか、在ベトナム日本企業やベトナム政府の努力に敬意を払うかのいずれかだろう。

これからベトナム進出する日本企業は、これらの先人による改革の勇気と努力を忘れてはならない。

好調な輸出。注目される米国と中国の存在感

WTO加盟を目前にして、ベトナムの貿易は好調である。第4表（22ページ掲載）によれば、とくに米国はベトナムにとって最大の輸出相手国となっている。これに対して、最大の輸入相手国は中国である。かつての戦争相手国であった米国と中国が、それぞれ輸出と輸入で最大となっている。国家の独立を目指して両国と戦ったベトナムが、その達成後の今日では、それらの歴史的な経緯を別にして経済成長に邁進していると解釈できる。

さらに第4表では、シンガポールが輸出と輸入の双方の相手国となっている。これはベトナムから原油を輸出して、石油精製品・ガソリンをシンガポールから輸入しているためである。せっかくの原油資源がありながら、それが貿易黒字に十分に貢献しない。このためにベトナム政府は中部ズンクアットに石油精製プラントを建設中である。この完成によって貿易収支の大きな改善が期待される。

輸出金額と輸入金額を合計した貿易総額で見れば、その順位は、①米国（59・20億ドル）、②日本

第4表　ベトナムの主要貿易相手国：上位10カ国（2003年）

（100万米ドル）

輸出		輸入	
相手国・地域	金額	相手国・地域	金額
1. 米国	4,463	1. 中国	3,496
2. 日本	2,808	2. 台湾	2,931
3. オーストラリア	1,390	3. 日本	2,885
4. 中国	1,323	4. 韓国	2,817
5. ドイツ	1,181	5. シンガポール	2,653
6. シンガポール	931	6. 米国	1,457
7. 英国	903	7. タイ	1,395
8. フランス	581	8. 香港	1,077
9. イラク	489	9. マレーシア	910
10. ベルギー	469	10. ドイツ	733

（56・93億ドル）、③中国（48・19億ドル）、④シンガポール（35・84億ドル）、⑤ドイツ（19・14億ドル）となっている。ここでも米国との貿易は最大である。また中国の貿易額に香港を加えれば、その金額は日本を超える。

ここで改めて米国と中国の存在感がベトナムで急増していることが指摘できる。

第5表は、ベトナムからの輸入品の日本におけるシェアが第1位・第2位の品目を示している。「冷凍エビ（シュリンプおよびプローン）」は最大のシェア（22・8％）であるが、第2位のインドネシア（21・3％）と伯仲している。これに対して「いか」は63・0％であり、第2位の中国（31・7％）の2倍のシェアである。さらに「はまぐり」のシェアも高く、こういった水産物の対日輸出は大きなシェアをもっている。

健康志向食品が世界的に注目される今日、牛肉

第5表　ベトナムに依存している日本の輸入品：金額順（2004年）

1位・2位を占める品目	100万円	シェア（%）
1. シュリンプおよびプローン（冷凍したもの）	49,504	22.8
2. 無煙炭（凝結させたものを除く）	15,044	43.4
3. 女子用の衣類（絹製のもの）	9,511	52.4
4. グルタミン酸ソーダ	2,527	36.0
5. いか（セピアオフィキナスなど・乾燥・塩蔵・塩水漬けを含む）	1,785	63.0
6. 女子用ネグリジェ・バスローブなど（その他の紡織用繊維製）	1,094	54.5
7. 光ファイバーケーブル（ガラス製以外のもの）	858	28.3
8. 冷凍ほうれん草（未調理および調理）	773	33.9
9. ミシン針	703	83.8
10. 陶磁製の電気絶縁用物品	467	26.6
11. 鉛筆の芯	167	43.2
12. ボタン（貝殻製）	163	55.0
13. へびの皮	125	46.5
14. はまぐり（粉・ミール・冷凍を含む）	93	71.4
15. 珊瑚に類する物品（貝殻を除く）	91	17.4
ベトナムからの輸入品総額	417,068	

よりも魚介類が選好される傾向があるといわれている。このような意味で、ベトナム水産物の輸出は今後も好調と予想される。なお、ベトナム戦争時に米軍が散布した枯葉剤の影響が心配だという意見が依然としてあるが、写真家・中村梧郎氏（ベトナムの枯葉剤被害について著書多数）によれば、水産物に含まれるダイオキシンはベトナムで検出されていない。それだからこそ、日本企業が輸入している。驚くべきことに、ダイオキシンの数値はベトナムよりも日本で高い数値を示すそうである。ベトナムでは戦争後30年間でダイオキシンが拡散・消滅したのに対して、その間の経済活動によって日本ではダイオキシンが増え続けてきたのである。

第5表の「ミシン針」や「鉛筆の芯」は、ホーチミン市のタントアン輸出加工区のベトナムオルガン針㈱などのように、ベトナム進出の日系企業の対日輸出製品とみなされる。グルタミン酸ソーダ・光ファイバーケーブル・陶磁製電気絶縁用物品(碍子)も同様であると推察される。「女子用の衣類(絹製のもの)」には、日本の和服が含まれている。手作業の刺しゅうを施した絹製品は、ベトナムで優位性のある製品である。大規模な設備投資に基づく大量生産の中国に対して、高付加価値の手作業品の生産はベトナムの国際競争力の源泉である。

日系輸出企業におけるストライキの真相と政府の迅速な対応

次に、ベトナムにおける日系輸出企業の現状を紹介してみよう。ここでの日系輸出企業とは、ベトナムから製品を輸出するための目的をもってベトナムで生産する日本企業である。なお、自社工場を所有

第6表　ベトナム日系輸出企業：上位10社（2006年1月）

（千米ドル）

会社名	①輸出	②輸入	①－②	／①
1.Canon-Vietnam	40,617	29,181	11,436	0.28
2.Fujitsu Vietnam	36,433	25,826	10,607	0.29
3.Furukawa Automotive Parts Vietnam	13,000	7,964	5,036	0.39
4.Nidec Tosok Vietnam	10,666	5,757	4,909	0.46
5.Yazaki Eds Vietnam	9,462	7,242	2,220	0.23
6.Sumitomo Bakelite Vietnam	7,870	3,683	4,187	0.53
7.Mabuchi Motor Vietnam	7,321	-----	-----	-----
8.Nitto Denko Vietnam	7,097	-----	-----	-----
9.Nissei Electric Vietnam	6,945	4,401	2,544	0.37
10.Sumi-Hanel	6,379	-----	-----	-----

しない輸出目的の海外生産は、委託加工生産または委託加工輸出と呼ぶ。

第6表は、2006年1月のベトナム日系企業を輸出金額の上位から示している。輸出があって輸入がない企業は、マブチモーター・日東電工・スミハネルである。これらは、たまたま1月に輸入原材料の在庫があり、輸入がなかったと推察できる。この意味で、この表だけから一般的な指摘はできないが、いくつかの仮説を提示できる。

2004年までベトナム最大の輸出企業は、富士通ベトナム。ハードディスクや携帯電話の基盤を生産・輸出している。創業期の川嶋修三元社長は、ベトナム投資貿易環境の改善のために、ベトナム政府との交渉で決定的に重要な役割を果たした。同氏は富士通ベトナムを離職されたが、現在も工場所在地のドンナイ省政府から依頼されてドンナイ省投資顧問を務めている。

ベトナム輸出トップ企業の地位が、この富士通ベトナムからキヤノンベトナムにとって代わられた。キヤノンベトナムは、インクジェットプリンターをハノイのタンロン工業団地で生産している。さらに、第2工場をバクニン省のクエボー工業団地に建設中である。ハノイからハイフォンに向かう国道5号線を左折し、ランソン方面に国道1号線を進み、バクニンで右折して国道18号線をファイライ方面にしばらく行けば、その右手に新工場が見える。建設・施工は大林組。このような本格的な生産設備投資は、キヤノンがインクジェットプリンターの国際的な生産拠点としてベトナムを選択したとみなされる。

これらの輸出上位企業の2社が、偶然にも労働者のストライキに遭遇している。いずれも違法な山猫スト(組合の意思ではなく、一部の組合員が勝手に行うストライキのこと)であるが、その背景は相違している。キヤノンの場合、労働者の雇用を維持する方針のために、生産量が減少すれば、それに応じて労働時間と賃金の削減が労働組合と交渉され、労使の間で合意があった。それにも関わらず、一部の労働者がその合意を知らずに抗議のストライキをしたという事情である。ベトナム人労働者に対するコミュニケーション不足が原因とみなされる。

これに対して富士通の場合(2006年)、物価上昇にともなって賃金上昇を要求した一部労働者のストライキであった。これはホーチミン市周辺の韓国・台湾企業のストライキに誘発されたといわれている。同様のストがハノイで発生しなかったのは、ハノイ周辺に韓国・台湾企業が少ないからだという指摘もある。工場管理者は今後、労働者とのコミュニケーションを強化しなければならない。

後者のようなストライキに対するベトナム政府の対応は迅速であった。2006年2月に最低月額賃金を62万6000ドン（約39ドル）から87万ドン（約54ドル）に上昇させた（1ドル＝1万6000ドンと計算）。これは39％の大幅な賃上げである。これによって労働者の不満は抑制された。物価上昇に対応した最低賃金の上昇は妥当な政策である。もちろん外資系企業にとって賃金上昇は回避したいが、為替レートは傾向的なドン安であるから、ドル建てにすれば賃金上昇の割合はそれほど大きくならない。たとえば、カンボジアの最低賃金はドル建て45ドルである。一般にGDP水準から考えて、カンボジアの賃金はベトナムより安いと認識されているが、これまでの実態はそうではなかった。上述のように39ドル程度であった。このように考えれば、今回のベトナムの最低賃金の改訂は、経済水準と賃金水準の格差を適切に是正するという当然の意味もある。

ベトナムから歓迎される原材料部品の国内調達

第6表（25ページ掲載）によれば、輸出から輸入を引いた数値（①－②）は単純にいえば、個別企業における貿易収支の黒字額である。同時にこれは、ベトナム国内で生産された付加価値総額を示している。輸入原材料と国内原材料を使用して、ベトナム労働者が生産し、その製品のほとんどを輸出する。この輸出額から原材料輸入額を引けば、ベトナム国内で生産された付加価値を示す。

ベトナムにとって、この比率（①－②）／①＝外貨貢献度が大きい企業ほど、ベトナム経済の発展に貢献しているとみなされる。外貨獲得のために輸出増加は望ましいのだが、その増加にともなって原材料輸入も増加すれば、貿易収支の黒字には輸出が増加するほどに貢献しない。この意味で、Nidec

Tosok（日本電産トーソク）や住友ベークライトは優良企業である。他方、キヤノンや富士通は輸出も多いが、輸入も大きい典型的な企業である。

輸入原材料・部品の国内生産比率を高めることは、国内市場を志向するトヨタ・ホンダ・ヤマハ・三洋電機なども努力していることである。たとえば、三洋電機では冷蔵庫と洗濯機の輸入部品を掲示して、工場見学の部品供給会社に対して国内生産を促している。しかし、品質の問題もあり、簡単に比率は高まらない。しかし、最近の投資ブームによって、日本の部品メーカーのベトナム進出が増加している。これによって、原材料部品の国内生産は次第に増大すると予想される。このような「すそ野産業」の育成が、ベトナムでは重要課題である。

なお、すでに指摘した近年の中国貿易の拡大は、今後ますます進展するように予想される。とくに輸入については、これまでの日用品などから原材料部品の輸入が増大すると予想される。たとえば、中国の広州から原材料部品を陸路でハノイ周辺の工業団地に持ち込むことは、すでに住友商事が実験を試みている。このような傾向が進めば、ベトナム生産のための原材料部品は中国に依存するという関係が次第に形成されるかもしれない。技術や品質の向上に時間がかかり、利益率も低い部品生産企業（すそ野産業）の育成よりも、経済成長を急ぐベトナムにとっては、手っ取り早く原材料を中国から輸入して、完成品を輸出するほうが生産は拡大するという考え方もありうる。

このようなベトナムと中国の関係が形成されるとすれば、それは日本と韓国の関係と同様である。韓国の輸出が伸びれば伸びるほど、日本からの原材料部品の輸入が増え、慢性的な対日赤字が韓国では続いている。対日赤字の解消を両国の課題とする時代もあったが、最近では貿易収支全体の黒字が重要であって、あえて対日赤字にこだわる必要もないという韓国側の見解もある。このような先例を参考にした政策立案をベトナム政府に期待したい。

対ベトナム中古車輸出の実例

ベトナムのＷＴＯ加盟に対応するように、ベトナムの中古車輸入の新しいルールが決まった。日本の中古車をベトナムに輸出する実例を簡単に紹介する。輸入条件は次の通りである。

⑴ハンドルは左側（日本と反対）。

⑵走行距離は１万キロ以上。

⑶２００１年以降の工場出荷（製造）。

より一般には、製造５年以上の中古車の輸入は認められない。基準は登録年ではなく製造年である。輸入関税と付加価値税の合計金額は、座席数と排気量によって第７表（30ページ掲載）のように定められている。

以上のような高額の税金を見れば、ベトナム政府が自動車数を抑制しようとする姿勢が明白である。かつて２００２年に、交通事故の年間死亡者が１万人を超えた。これは国会で問題となり、その対策として二輪車メーカーの輸入部品数量が制限された。当然、ホンダやヤマハは強くベトナム政府に抗議したし、日本政府や日本経済団体連合会もベトナム政府に規制解消を要望した。その結果、すでにこの問

第7表　中古車輸入の関税と付加価値税（排気量別）

座席数5以下	金額：USD
1.0リットル以下	3,000
1.0 - 1.5リットル	7,000
1.5 - 2.0リットル	10,000
2.0 - 3.0リットル	15,000
3.0 - 4.0リットル	18,000
4.0 - 5.0リットル	22,000
5.0リットル以上	25,000
座席数6～9	**金額：USD**
2.0リットル以下	9,000
2.0 - 3.0リットル	14,000

題は解決している。

この二輪車の部品輸入規制は、当時、二輪車組み立て国有企業を保護するために日系企業の生産を妨害する意図がベトナム政府にあったと批判された。「だからベトナム政府は信用できない」という声を多数聞かされた。しかし政府は、この規制と同時にハノイとホーチミン市に定期循環バスを走らせた。これはベトナムの日常の市民生活において公共交通手段が本格的に導入された画期的な出来事であった。

私は、ベトナム政府に日系企業に対する悪意があったのではなく、本気になって交通事故を減少させようとしたと今でも善意に解釈している。ただし、このような規制を実施する場合、事前の意見聴取といった「根回し」がベトナム政府には求められる。おそらくベトナム政府は、このような教訓を学んだと思われる。

さて、高額の税金を払っても、まだまだベトナムで自動車は売れる。マイカーを持てば手放せない。これは、日本と同様に自動車の「魔力」である。すでにマイカーブームを予想して、市内の駐車場建設が儲かるといった話を2005年から聞かされた。さらに、2006年6月からホンダベトナムが、オートバイに加えて四輪自動車「シビック」をベトナムで製造発売の予定である。まだまだベトナム自動車市場は拡大するという強気の予想が成り立つ。

トヨタのカムリとホンダのシビックは、ベトナムで現地生産をしているために交換部品も入手しやすいという理由で中古車としても人気が高い。米国やフィリピンの仕様の日本車を輸出できるかもしれない。さらに、トヨタのレクサスも人気がある。そのほかにSUV（Sport Utility Vehicle：スポーツ汎用車）が人気だそうである。だたし、ランボルギーニのようなスーパーカーを除けば、一般のクーペ型は人気がない。ベトナムで人気のある車体カラーは黒。日本で人気の白は人気がない。ベトナム自動車市場の加熱ぶりは、もはやベトナムは発展途上国ではないと思わせる。

中古車の対ベトナム輸出における最大の問題は、ハンドルの位置である。日本車をそのままの状態では輸出できない。トラックやバスでハンドル位置を左右入れ替えた日本車を見たことがあるが、乗用車では技術的・コスト的にむずかしいのであろうか。また二輪車の中古輸出の場合、ハンドル問題は発生しない。さらに、自動車部品はベトナムに一般に輸出できないが、自動車アクセサリー輸出の可能性があるかもしれない。本格的な自動車社会を迎えつつあるベトナムにおいて、以上のようなビジネス機会が存在している。

第2章　なぜ中国ではなくベトナムなのか、ベトナムの魅力を探究する

前章では、ベトナムにおける経済やビジネスの一端をいくつかの事例によって紹介した。そのための私の視点は、ベトナムの社会経済の発展・改革に取り組むベトナム政府・ベトナム人の誠実で真摯な姿勢であった。また、それに感化されてベトナムの魅力に取りつかれた多数の日本人の存在が常に念頭にあった。

外国に住んでみて、その国が好きになるということは珍しくないが、ベトナム人は特別に日本人と相性が良いように思われる。このようなベトナム人の国民性の魅力のみならず、ベトナムビジネスの優位性は多数存在している。

本章では、それらを順に指摘してみよう。中小企業にとって情報収集は大企業に比べて劣るかもしれない。しかし、中小企業経営者の情報感受性は、大企業のサラリーマンよりも一般的に優れていると私は考えている。本章によってベトナムの国や人についてイメージを描いていただきたいと思う。

ベトナムに熱い視線。「中国プラスワン」の認識が定着してきたベトナム

２００５年からの第2次ベトナム投資ブームは、「中国プラスワン」としてベトナムが選択されたという意味がある。すでに中国は「世界の工場」とみなされ、それと同時に巨大な国内市場は魅力的である。さらに２００８年の北京オリンピック、２０１０年の上海万博までの経済成長が確実視されている。しかし、生産や貿易を中国だけに依存するリスクが２００５年から認識されはじめた。リスク分散として中国だけでなく、中国に加えてどの国が適当なのか。そこで、中国に代替・付加する国としてベトナムが選択されはじめているのである。

この契機は、小泉首相の靖国神社参拝にともなう中国での「反日運動」の発生である。さらにそれ以前には、ＳＡＲＳ（重症急性呼吸器症候群）流行時における中国政府の対応の遅延があった。中国と対照的にベトナムは、日本に対する友好的な態度を保持しており、さらにＳＡＲＳに対する情報公開と国際的な支援要請は迅速であった。これらのことは、中国における生産活動に支障が発生するリスクの認識を高めることになった。

また、より重要なことは、２００５年7月21日に中国の人民元の切り上げが発表され、さらに毎年3〜4％の上昇が見込まれていることである（日本経済新聞２００６年5月16日）。このような人民元の上昇に対して、ベトナムでは傾向的なドン安である。この為替レートにおける動向の相違は、（委託）加工生産する外国企業にとっては決定的である。毎年のように生産コストが上昇する中国に対して、ベ

トナムでは物価や賃金の上昇があるにせよ、ドン安のために生産コストの上昇は緩和される。

さらに「中国プラスワン」の可能性がある国々を見れば、顕著な問題点が存在している。タイは在留邦人も多く、インフラも整備されているが、すでに賃金は上昇し、進出企業間の競争も激しい。また宗教対立が存在し、政治的に安定しているとはいいがたい。同様にインドネシアも宗教対立が存在する。

これに対してベトナム人の大部分は日本と同じ大乗仏教であり、キリスト教とは無関係にクリスマスを祝う習慣も定着してきた。インドは中国と同様に巨大市場として魅力があるが、女性の社会進出が遅れているし、アセアン諸国に比べて日本から地理的に遠隔である。さらに後述するように、ベトナムは中国と同様に共産党の一党独裁政権であるが、積極的に民意を吸収しており、その政権は安定している。

以上のような政治的・経済的な要因に加えて、前章で指摘された投資環境の改善の実績が評価され、第2次ベトナム投資ブームが生まれているとみなされる。第1次ブームの契機は、米国の経済制裁解除（1994年）と翌年の米越の国交回復という外的要因であった。それは、必ずしもベトナムそれ自体が評価されたわけではなかった。ベトナムの潜在的な成長力や未開拓の投資国としての魅力が当時は盛んに語られていたが、それは将来の夢であって、現実のベトナムには外国人向けのホテルすら満足に存在しなかった。これに対して第2次ブームの発生は、投資対象国として中国や他の国々との比較対照によって、ベトナムの実績が評価された結果とみなされる。

たとえば、ある建築用プレス部品を中国に委託生産している日本の中堅企業は、その生産をベトナムに移転させることを準備中である。中国の生産は最初は順調であったが、次第に手を抜くようになり、異なったロットの製品混在が頻繁に発生するようになった。この是正を繰り返し要求しても改善されない。工場見学に行くと、通常の生産工場と違った工場に案内される。取り引きを仲介してくれた日本語のできる中国人も、半ばあきらめ気味である。そこで中国に見切りをつけて、ベトナムで委託工場を探すことにした。ちょうどその時に人民元の切り上げが報道され、やや割高のベトナムの生産コストが中国と大差なくなった。このこともベトナム生産の決断を後押しした。

この事例は現在進行形である。果たしてベトナムから日本に製品が無事に荷揚げされるかどうか。それまで眼を離すことはできない。

ベトナムの豊富な労働力。中国・周辺国との比較

第8表は、中国・ベトナム・ラオス・カンボジア・タイにおける社会経済統計を示している（注5）。まず人口統計を見れば、中国の人口（2003年：12億9230万人）は他を圧倒している。ベトナムの15・97倍、ラオスの226・72倍、カンボジアの93・64倍、タイの20・19倍である。なお、5年毎に実施されるラオスの国勢調査（2005年3月）によれば、その人口は560万9997人である（注6）。したがって、ADB（アジア開発銀行）による第8表のラオスの人口推計は、やや過大となっている。

次に2002～2003年の人口成長率を見れば、「1人っ子政策」の中国（0・8%）と「2人っ子政策」のベトナム（1・6%）では、約2倍の相違がある。中国の人口成長率は次第に低下傾向にある。この低下傾向はタイにも同様に見られる。これに対してベトナムは横ばいである。また、カンボジアは

第8表　中国・ベトナム（VN）・ラオス（LAO）・カンボジア（CAM）・タイ：社会経済統計5カ国の比較

		中国	VN	LAO	CAM	タイ
1. 人口（100万人）	2003年	1292.3	80.9	5.7	13.8	64.0
2. 人口成長率（%）	1990-1995年	1.2	1.7	2.5	4.0	1.2
	1995-2000年	0.9	1.5	2.1	4.1	1.0
	2002-2003年	0.8	1.6	2.8	2.4	0.8
3. 総人口に対する都市人口（%）	2003年	38.6	25.7	20.7	18.6	31.9
4. 都市人口の成長率（%）	1990-2003年	3.6	3.5	4.8	6.1	5.3
5. 年齢別人口（%）　0-14歳	2003年	23	31	42	42	23
	(1990)	(28)	(39)	(44)	(45)	(32)
15-64	2003年	70	64	55	55	70
	(1990)	(67)	(56)	(53)	(52)	(64)
65+	2003年	7	5	4	3	7
	(1990)	(6)	(5)	(4)	(3)	(4)
6. 中等教育就学率（%）	女子	64	67	34	16	81
	男子	69	72	47	27	85
	(年)	(1999)	(2001)	(2001)	(2001)	(2000)
7. 高等学校就学率（%）注1	女子	6	9	3	2	38
	男子	12	11	6	4	35
	(年)	(1999)	(2001)	(2001)	(2001)	(2001)
8. リテラシー15歳以上（%）	女子	78	91	56	59	94
	男子	92	94	77	81	97
	2000～2001年	(2000)	(2000)			(2000)
9. リテラシー15～24歳（%）	女子	97	95	73	76	98
	男子	99	95	86	85	99
	2000～2001年	(2000)	(2000)			(2000)
10. 1人あたりGDP（USD）	2000年	840	380	290	290	2010
	2001年	900	410	300	300	1980
	2002年	960	430	310	300	2000
11. 1日1ドル（購買力平価）未満の人口比率（%）		16.6	13.1	39.0	34.1	1.9
	(年)	(2001)	(2002)	(1997)	(1997)	(2000)
12. 所得下位20%に対する上位20%の人口比率（%）注2		10.6	5.7	6.0	4.7	8.3
	(年)	(2001)	(2002)	(1997)	(1999)	(2000)
13. ジニ係数（所得）注3		0.447	0.376	0.370	0.450	0.482
	(年)	(2001)	(2002)	(1997)	(1999)	(2000)
14.GDP成長率（%）	1998年	7.8	5.8	4.0	3.7	-10.5
	1999年	7.1	4.8	7.3	10.8	4.4
	2000年	8.0	6.8	5.8	7.0	4.8
	2001年	7.5	6.9	5.8	5.7	2.1
	2002年	8.0	7.1	5.9	5.5	5.4
	2003年	9.1	7.3	5.8	5.1	6.7
15.GDP工業成長率（%）	1998年	8.9	8.3	9.2	-2.5	-13.0
	1999年	8.1	7.7	8.0	19.3	9.6
	2000年	9.4	10.1	8.5	30.7	5.3
	2001年	8.4	10.4	10.1	12.9	1.7
	2002年	9.8	9.5	10.3	17.7	6.9
	2003年	12.5	10.3	11.3	19.0	9.3
16.GDPサービス業成長率（%）	1998年	8.3	5.1	5.5	4.8	-10.0
	1999年	7.7	2.3	6.7	10.9	0.4
	2000年	8.1	5.3	4.9	5.7	3.7
	2001年	8.4	6.1	5.7	4.2	2.3
	2002年	7.5	6.5	5.7	4.5	4.5
	2003年	6.7	6.6	7.4	4.2	4.2
17.GDP農業成長率（%）	1998年	3.5	3.5	3.1	5.8	-1.5
	1999年	2.8	5.2	8.2	3.4	2.3
	2000年	2.4	4.6	4.9	-1.5	7.2
	2001年	2.8	3.0	3.8	2.2	3.5
	2002年	2.9	4.2	4.0	-2.7	3.0
	2003年	2.5	3.3	2.2	9.8	6.8
18. 物価上昇（インフレ）率（%）	1996年	8.3	5.7	13.0	7.1	5.8
	1997年	2.8	3.2	13.0	8.0	5.6
	1998年	-0.8	7.8	95.8	14.8	8.1
	1999年	-1.4	4.2	139.7	4.0	0.3
	2000年	0.4	-1.6	20.5	-0.8	1.6
	2001年	0.7	-0.4	7.7	0.2	1.6
	2002年	-0.8	4.0	10.7	3.3	0.7
	2003年	1.2	3.3	15.5	1.1	1.8

1990~2000年は4%台の成長であったが、2002年からは2%台に半減している。

カンボジアの人口成長率の低下は、子どもをもつことの効用が生活水準の向上にともなって減少したことが原因のひとつとみなされる。カンボジアは2003年にWTO加盟を果たしており、そのためにILO（国際労働機関）の勧告にしたがって児童労働が禁止されたり、社会保険制度が充実されたりしてきた。そのため、子どもをもつことの必要性が減少し、他方、子どもの養育費が上昇するために出産が抑制されたのである（注7）。この指摘は一般に妥当すると思われる。

第8表における「総人口に対する都市人口の比率」は、中国・タイ・ベトナム・ラオス・カンボジアの順序で高い数字を示している。これは、経済発展と人口都市集中に正の相関関係があることを示唆する。ベトナムも工業化の進展にともなって、人口の都市集中が進行すると予想される。すでにハノイやホーチミン市周辺の工業団地では、労働力不足が指摘されている。たとえば、ハノイのタンロン工業団地の労働力の供給地域は、ホン川を越えたハノイ市内と近隣のドンアイン地区であるが、次第に労働力不足が指摘されはじめている。当然、それに応じた賃金の上昇も予想される。そこで工業団地の周辺に公共住宅の建設が計画されている。

中国のように工業団地内に各社で従業員寮を建設するのではなく、公共住宅の建設で労働力を確保するというのがベトナムの特徴とも考えられる。しかし、寮は各企業のコスト増加となる反面、共同生活を通して従業員の協調性・団結力を高めたり、社風・企業文化を従業員に浸透させたり、愛社精神を醸成したりするためには効果的である。今日の日本では死語となった中学・高校卒業者の「集団就職」を想起すれば、それによって支持された日本型経営に基づく企業成長の歴史が、その有効性を証明しているように思われる。このような日本の「社員寮」の効用が果たしてベトナムでも通用するかどうか。今後の検証を要する課題である。

ただし、ベトナム政府は都市と農村の格差を拡大しないために「人口の一極集中を避けるとともに、都市人口の急激な増加自体を抑制すること」を目標としている（注8）。そのために地方小都市での工業やサービス業の発展が期待されている。地方都市における外国企業投資が歓迎・優遇される理由である。外国企業が地方都市に工場建設する場合、労働者の定着率は高く、賃金や物価も都市に比べて安価であるが、インフラは未整備であり、外国人の生活環境は都市部ほど十分に満たされない。また、大学卒業の優秀なベトナム人幹部職員の定着率が低くなる懸念もある。

なお、人口の都市集中が経済発展にとって不可避であるかどうかは疑問である。たとえば人口520万人の北欧フィンランド・首都ヘルシンキの人口は50万人である。ラオスの首都ビエンチャンの人口が60万人であるから、フィンランドとラオスの人口分布は近似しているともいえる。このフィンランドは基本的に農業国であるが、携帯電話端末メーカーのノキア社は世界的に著名な大企業である。もちろんフィンランドとラオスを単純に比較できないが、フィンランドが先進国の中でも教育分野などで高い評価を受けていることを考えれば、ラオスを含めた途上国における国家および経済の発展のための特定モデルが存在しないことを意味している。

中国に比べて増え続ける労働人口と高い女子就学率

第8表（37ページ掲載）の年齢別の人口において、2003年の0～14歳人口を見れば、ベトナム（31%）は中国（23%）よりも8ポイント高く、労働力の供給が今後も継続して期待できる。これに対して中国はタイと同じ水準である。中国において若年労働者が不足するという事態が、近い将来に予想される。これは賃金上昇をもたらす。

さらに労働人口とみなされる15～64歳の人口について、1990～2003年の変化は、ベトナムで9ポイント上昇（56%から64%）であるが、中国は3ポイント上昇（67%から70%）にすぎない。中国よりも大きなベトナムの上昇は、今後も継続するとみなされる。このような労働人口の推移は、ベトナムを生産拠点とすることの長期的な優位性を明示している。

第8表によれば、中等教育就学率では男子・女子ともに、高等教育就学率では女子について、ベトナムが中国よりも高い数値になっている。この数値は基礎学力の習得者の比率という意味であり、その高低が国民の優秀性を示すものではない。また、教育内容の水準を考慮していない。しかし、少なくとも、政府および国民の教育に対する意欲や尊重の程度、大学以上の高等教育を支持する「すそ野」の広がりを示す数値としての意義をもっている。

なお、「ベトナムではとくに女性労働者が勤勉で優秀である」と一般に指摘されている。この「勤勉で優秀」という評価には、忍耐力・誠実性・判断力など多様な要素が含まれていると思われる。このような指摘の背景には、ベトナムの長い戦争時代に男性が従軍している間、女性が家族と生活を守り、さらに女性も男性に混じって軍務に服した歴史が存在している。これらの戦争世代の女性を母親として育った若年女子労働者は、やはり総じて「しっかりしている」と想像できる。

第8表で注目されることは、ラオスやカンボジアにおける低い就学率である。単純にいって、日本の義務教育に相当する中等教育を過半数の子どもが受けていない。これらの国々に対する教育面での国際的な支援強化の必要性が指摘できる。

ラオスやカンボジアの小学校の建設費用は、日本円で200万~500万円といわれている。それほど費用は巨額ではないので、日本の民間団体やNGO・NPOが建設費用を負担する事例も多い。これらの善意は高く評価されなければならない。しかし、校舎竣工後の教材の提供や教師の待遇改善までの持続的な支援は不十分であるし、実際に不可能とみなされる。それらは、政府の教育政策に含まれる問題だからである。ここからは、政府間レベルのODA資金などに基づく公的支援が求められる。

中国とベトナムのリテラシー（読み書き能力）を比較すれば、男女ともに15~24歳の若年層では中国がベトナムよりも高く、15歳以上の壮年・高齢者を含めた数値はベトナムが中国よりも高い。とくにベトナム女性のリテラシーが91%であるのに対して、中国は78%である。戦時下にも関わらず、長期に渡って性別に無関係にベトナムの教育制度が健在であったことが、このような数値に表現されているとみなされる。

なお、これまでベトナム人のリテラシーが高いと指摘されてきたが、すべての項目においてタイはベトナムよりも高い数値を示している。この点で、ベトナムは過大評価されてきた。また、今後の国際ビジネス環境を考えれば、自国語リテラシーよりも英語リテラシーの向上が世界に共通した課題になるであろう。英語リテラシーとなれば、ベトナムよりも日本が上回っているといえないようにも思われる。

低い所得格差と高い物価上昇

第8表（37ページ掲載）の指標10～13は、各国の所得格差を示している。まず1人あたりGDPを2002年について見れば、中国の所得（960ドル）はベトナム（430ドル）の2・23倍である。2006年にベトナムでは600ドルを超えた。他方、タイの所得（2000ドル）は中国の2・08倍である。中国では、北京や上海など都市部の経済発展が「経済大国」のイメージを先行させているが、1人当たりのGDPから見れば、タイの下位に位置する発展途上国である。このことは、都市部以外の地域における貧困度が高いことを意味している。

貧困の撲滅や所得格差の是正は、人間社会に共通した課題である。第8表によれば、中国がベトナムよりも所得不均衡は大きい。ベトナムは中国のような「先富論」を正式に採用せずに、所得格差の拡大に十分に注意を払った政策を遂行してきた。このことが性急な改革優先を求める一部の外国企業には不評であったが、それが所得格差の拡大抑制の効果をもったことは、第8表において中国と比較すれば明らかである。所得格差の拡大は貧困層の不満を増大させ、政治的な不安定要素となる。これはカントリーリスクともいえる。このような観点から、中国よりもベトナムのほうがカントリーリスクは小さいと判断できる。

ジニ係数で注目すべきは、カンボジアが中国よりも所得不均衡が大きいことである。カンボジアは多党制を採用した民主国家であるが、それだけに政争も頻繁である。それに加えて、大きな所得格差が存在することは政治的不安定の温床となる。カンボジアは、その経済成長の前提として政治的安定性の維持に留意しなければならない。

一方、インフレ率は中国よりもベトナムが近年では高くなっている。2003年末のアセアン国際ゲーム（SEA GAME）開催にともなう都市整備事業のために、ハノイ周辺における地価が高騰し、それがホーチミン市にまで波及した。このような土地投機は、2004年の改正「土地法」によって沈静化された。今後は、輸入に依存するガソリンを含む石油精製品の値上がりが懸念される。こういった一般の国民生活に直接影響を及ぼす価格は政府によって統制されており、急激な価格上昇が制限されている。

もちろん価格補填は政府財政を圧迫することになるのだが、中部ズンクアットの石油精製プロジェクトが完成すれば、原油輸出国であるベトナムが自前で石油精製もできることになる。これは、ベトナムの石油供給や貿易収支の改善に大いに貢献する。当然、国際的な石油価格の上昇に起因するインフレに対して、今後のベトナムは強い抵抗力をもつことになる。

ベトナム私感。なぜベトナムなのか？

初めての私のベトナム訪問は1994年3月であった。約10日間でハノイ・ダナン・ホーチミン市を訪問した。当時、ベトナム直行便はなかったので、日本から香港経由でハノイに到着した。この時のハノイの宿舎は「5月19日ゲストハウス」。商務省が経営する国営ホテルである。このホテルと同じ通りに現在は日本大使館や大宇ホテルが面しているが、当時は野原であった。ちなみに5月19日は、ベトナム独立の祖・ホーチミンの誕生日である。

同年8〜9月に、中国・広州からベトナム・カントーまで陸路3350㎞を学生8名と一緒に40日間かけて走破した(注9)。これは、流通科学大学主催「ベトナム・中国華南流通調査隊」の実行委員長としての参加であった。この総隊長は、中内功氏(当時、大学理事長)、副隊長は寺本滉氏(当時、淡路屋・代表取締役社長)であった。最初の3月訪問は、この本調査の事前調査が目的であり、㈱天津大栄営業部長の三木さんに案内していただいた。

この「流通調査隊」に参加した動機は、ベトナムに対する単純な好奇心であった。ベトナムはどうなっているか? 私は小学生時代に「戦争はいやだ」といった内容の作文を書いたことがある。これは今も手元に残っている。1965年に北爆が開始され、1973年の「パリ和平交渉」の締結によって米軍が完全撤退した。ちょうど私が10〜18歳である。最近の鈍感からは想像もつかないような多感な青少年の時期をベトナム戦争と共に私は過ごした。

1994年当時、ベトナムにおけるJETROハノイ事務所長は三浦有史氏であった。その後、朝倉さん、肥後さん、山田さん、石渡さんという歴代所長には今でもお世話になっている。またその頃、お菓子のコトブキ(本社尼崎市)は、ベトナム進出日系企業の寵児であった。同社は、お菓子の最大手国営企業であるハイハ（ハノイ）とビナビコ（ホーチミン市）の2社と合弁企業を設立して操業中であった。日本からの進出企業が数社しかなかった時代である。同社を訪問・調査する企業や公的組織は行列を成すほどであった。

ハノイのハイハコトブキ社の鶴谷社長（当時）は、現在は私と同じ日越経済交流センターの副理事長である。不思議なご縁である。お菓子作りの技術指導をされていた同社の鈴木さんは、その後に社長に就任された。そして、現在は退職されて、ＰＯＥＭＥという手作りケーキ店をハノイで自営されている。ベトナムについて、鈴木さんは今でも私の師である。

１９９４年の「流通調査隊」のベトナム側の受入機関は、商務省傘下のベトナム経済新聞社であった。ちょうど英文経済月刊誌 Vietnam Economic Times を創刊したばかりであった。同誌は、２００６年８月号の発刊で１５０号を迎えた。同誌の編集長カット氏は現在もご壮健である。

同社を紹介してくれたハウ氏は、ハノイ工科大学を卒業後にフランス留学を経験したエリートである。その後に国民経済大学で博士号を取得した。２００２年に流通科学大学が主催した「アジア流通フォーラム２０００」では、ベトナムのＥコマースの現状と展望について報告した。このハウ氏とは家族ぐるみの交際が現在も続いている。私が最初に宿泊した「5月19日ゲストハウス」の当時は経営者であった。また、調査隊に同行したベトナム経済新聞社のギー氏は、現在は米国のワシントン特派員として米国に在住中である。

前述の「流通調査隊」は、ハノイで貿易大学、ダナンでダナン大学、ホーチミン市で経済大学おいて学生交流の機会をもった。ベトナム側の世話役であった貿易大学の国際交流部長のズン先生は、その後に教育訓練省（日本の文部科学省に相当）の国際部長となった。現在は米国留学中であり、さらなる昇進が期待されている。また当時、ベトナム人学生として学生交流に参加したソン君はベトナム外務省に入省し、現在は東京のベトナム大使館に勤務している。ダナン大学のナム先生は、早稲田大学大学院・トー教授の弟さんであることをその後に知った。２００６年から、ナム先生はダナン工科大学の学長に就任されている。

ダナン大学では、われわれ日本人を歓迎するために爆竹を鳴らしてくれた。１９９５年のテト（旧正月）以来、浪費と危険を防止するために爆竹の使用は今日まで禁止されている。ベトナムにおいて、最初で最後に聞いた爆竹の音と白煙の記憶は今でも鮮明である。校舎入口の天井からつり下げられた爆竹は、青い空の下で機関銃の銃声のように連続して響いた。そして、ダナン大学での学生交流後、日本人学生たちはダナンの海岸に自動車で向かい、その後ろをベトナム人学生たちが2人乗りのバイクや自転車で追いかけた。青い空の下、さわやかな風をともなうバイクや自転車で走行する学生たちの笑顔は新鮮であった。ベトナムに来てよかった。私にとって原形となるベトナムの心象である。

以上のようなベトナム初訪問から毎年の訪問が続き、１９９８年にはハノイの国民経済大学で在外研究のために9カ月間を過ごした。その後もベトナム訪問が続き、総計50回以上のベトナム訪問を積み重ねてきた。おそらく今後もベトナムと私のつきあいは継続するであろう。

それはなぜか?　なぜベトナムなのか?

その最大の理由は単純にいって、ベトナムという国家、そして国民に魅力を感じるからである。ベトナムの国民性が私を惹きつけるのである。これまでに数カ国の外国人研究者・留学生と交際してきた。それぞれ魅力的で親しみを感じ、今でも再会したい人々がいる。しかし、ベトナム人は別格のような気がする。おそらくベトナム人と日本人の間に存在する親和感・親近感が、その理由であると思う。

ベトナム人と日本人の接点は「関西人」？

どのような仕事をベトナムでするにしても、ベトナム人と無関係というわけにはいかない。ベトナム人の従業員や幹部職員の気持ちを把握することは、日本人経営者が最初に直面する課題だろう。また、取引相手が信用できるか、その発言や行動は何を意味しているか、その真意は何かといった問題は、相手が日本人の場合でも難問である。ましてやベトナム人となると、判断不能になることがある。

このベトナム人と日本人の国民性が類似しているなら、双方向のコミュニケーションは比較的容易である。ベトナム人の一般的な特質の基準を頭に入れて、その後は相手に応じて臨機応変・柔軟に対応することである。以下、三井物産ハノイ事務所に1995年から2年間滞在された樋口健夫氏の著書を引用し、それに私見を付記しよう（注10）。

「ベトナム人の性格には日本人に似た点が多い。イエス・ノーを明確に言わない性格、周囲への気配りなどもベトナム人と日本人は非常に似ている」

この「イエス・ノーを明確に言わない性格」は、ベトナム人に限らず日本人にとってもビジネスで誤解を生じる原因になる可能性がある。そこで社内では、英語を使用するという日系企業があった。しかし、現在は日本語の通訳を使っているそうである。微妙な意味を英語で相互に伝達できないことが理由であった。コミュニケーションは双方向の対話である。その成否は両者の語学力に依存する。

「ベトナムの伝統で、外国人と年寄りに対して優遇してくれる。だからベトナムが好きになっていく」

とくに年配者やさらに教師に対する優遇や尊敬の気持ちは、儒教精神の表出であると思われる。この「儒教精神」はベトナムや韓国で現存しているが、日本では歴史博物館か遺跡を訪問しないと見られないように思われる。この復活が望しいか否か。議論の分かれる問題である。

「外国人たちを心からもてなすのが、ベトナム人には当然となっている。日本で言えば所得が低い低いと言われているベトナムで、濃厚な気遣いは、まったくの驚天動地であったが、なるほど、これがベトナム式の考え方、どこか関西風のもてなしに近い」

この「関西風のもてなし」とは何か。私は関西人だが、回答はむずかしい。たとえば、せっかく遠くから来たのだから、しかし、どうせ長く滞在しないのだから、せめて今だけでも精一杯に接待しよう。このような気持ちで「もてなす」ことを意味するのであろうか。

これに関連して、ベトナム人は「田舎から出てきた親戚のようだ」という指摘を別の日本人から聞いた。まったく悪気はなく善意の固まりであるが、その場の雰囲気を読めない。数日で田舎に帰ればよいものを、こちらの口先だけの延泊の勧めを真に受けて1週間も滞在する。本人に悪意がないので苦情はいえないが、接待する側の本心は早く帰ってほしい。ベトナム人が日本人に似ているとすれば、ベトナム人も同様の気持ちで日本人に接していると考えなければならない。われわれ日本人は、ベトナム人が「外国人たちを心からもてなす」場の雰囲気を読むことが必要であるかもしれない。

「おかしくない時に、ニコニコ、ニヤニヤしてしまう。これがネガティブ笑いだ。アジア人全般に見られる現象だと思う。ベトナム人だけでなく、日本人も同じだ。日本人もはにかみ笑いとか苦笑いとか、苦境や悲しさの中でも笑ってしまったり、叱られている最中に笑顔を見せてしまう」

私の場合、学生を叱っている時に笑顔が出てしまうことがある。これは照れ笑いに属する。叱りはするが、本心から怒っていない気持ちの表現である。これらの笑いは、欧米人に理解できないであろう。

「ベトナムの女性は、京都の女性に似ている。愛想がよいようで、えらくしっかりしている。ベトナムの男性は京都の男性に似ている。ベトナムの女性に比べると、男性は線が細い。ベトナムの女性は強烈に強いのだ。ほとんどの男が尻に敷かれていると言えるのではないだろうか」

これは同章の40ページ以降で説明したように、「女子の高い就学率」に反映されているし、ベトナムの戦時体制が、「女性が強い」一因であるように思われる。この指摘が妥当か否か。大阪育ちで大阪在住の私には回答できないので、京都の男性に聞いてみるのが一番よい。

「ベトナムに住んで、ベトナム人の性格の中に、きわめて関西風の気性を見る事がある。気配り、商売感覚、げんかつぎ、粘りなど、ひょっとすると、日本人が持っている性格の多くは、太古の昔にベトナム辺りからたどり着いた人から受け継いだものではあるまいか」

この樋口氏の「日本人のベトナム起源説」は初耳であるが、それほどまでに類似性があるということは正しい指摘である。日本人と同様に多数の韓国人も、ベトナム人には懐かしさと親しみを感じるといわれている。やはり韓国もベトナム・日本と同様に中国周辺国である。いわゆる中国周辺国としての文化的・民族的な共通性が、これらの国々に現存していると思われる。

以上によれば、少なくとも私がベトナムに魅せられた理由は、ベトナム人が「関西人」だからである。同じ「関西人」なので気が合う。たとえばベトナムにも漫才や喜劇があり、ほとんどのベトナム人は冗談やシャレを愛好し、それを日常的に駆使する。私見では、こういったベトナム人から外国人が笑いを取れるようになれば、一人前の人気者である。吉本興業や松竹芸能のテレビを通して幼い頃から笑いを学んだ関西人は、ベトナムに違和感がなく、同じ「関西人」として双方が親近感をもっと解釈できる。

縁故主義・クチコミ・逃げ道……ベトナムビジネス交際術

ベトナム人との親近感が、日本人にとってのベトナムの魅力であると指摘した。ただし双方に親近感があるからといって、すべての特性が同じではない。ベトナムでビジネスをする場合、外国人としての彼我の相違点に留意しておかなければならない。そこで、前節と同じ樋口氏の著書から引用して検討する。

「ベトナムでの人間関係を考えるうえでのキーポイントは、人一人ひとりが持つ運不運、精神力、よいもの悪いものなどの影響因子を真剣に考えることだ。明らかな迷信に関しても、知的なベトナム人の一般的な考え方を聞くと、『これらは確かに迷信です。私は信じてはいません。しかし、他人への配慮から、わざわざその逆を行う必要はありませんからね』と答える」

「どこの公団でも、同じ家族のメンバーが同じ職場にたくさんいて、驚くことがある。この国の最大の特徴ネポティズム（縁故主義）がここにあるように思った。（中略）どこの事務所でも、新規の雇用を募集すると、既雇用者の遠い親戚筋の者が応募してくる。当然ながら、募集の情報も早く伝わるのだろうが、このあたりに情実が起こってしまう」

この縁故主義が、たとえば公平であるべき留学生採用の面接などで発揮されると、それは悪しき慣行である。しかし、従業員の採用では、それは一種の身元保証のような機能も果たす。この縁故には「親戚」のほかに、少し年配の世代なら「軍隊」仲間という関係がある。また大学の「同窓」、それに出身地が同じ「同郷」がある。これらの多様な縁故をフルに使って便宜を図ってくれるベトナム人の知人や友人がいれば、外国人にとっては重宝である。

「実質的には、（この人物は）ハノイでも大金持ちの部類に入るだろう。しかし、そんなことは絶対に言わないし、そぶりも見せない。他人のねたみを恐れている」

これはとくにハノイの特徴ではないか。ハノイは「クチコミ」社会である。1998年当時に、私が住んでいたミニホテルのオーナーは、ハノイ市内に3棟のアパートを所有し、子ども2人を米国留学させるほどであるが、このホテルは昔のままの1つ星ホテルである。全面改装といった派手なことはしない。お金持ちと思われると、公安（＝警察）や税務署に余分の出費を強いられることになるかもしれない。

「物を売らないで、お金だけを受け取ることは、できないという。この商人魂に、私と同僚たちは、ひどく感心してしまった。とくに女性の金銭感覚は厳しいので、会社内の経理事務に適任であるという指摘は多い」

「間違いを犯してしまった時、ベトナム女性は素直な謝り方に慣れていない。謝ることによって、相手からの責任の追及を停止するような方法に長けていない。社会主義国では謝ってしまうことは、責任を認め、実質的な罰を受けることに合意したと理解するのだろうか。必死になって自己弁護する」

これを説明するならば、ベトナム人が明らかに間違っている場合、何らかの「逃げ道」を用意したほうがよいということである。相手の間違いを徹底的に追求すると、おそらく人間関係は完全に破綻する。さらに逆恨みされるかもしれない。こちらが逃げ道に誘導してやれば、それで相手も納得する。ベトナム女性はビジネスで大きな戦力である。戦力を無益に失うことはない。

「ベトナムでは、家の格とか身分とかがきわめて厳格だから、家族の反対に遭うと、結婚もできなくなる。ちょっと美人という程度では、結婚に絶対的に有利ということでもないらしい。家族主義は、前述の縁故主義の中に含まれているが、ここでは、ベトナム家族の規律の厳しさが指摘されている」

２００２年に私が実施した労働者意識のアンケート調査では、ベトナム企業22社・労働者３６４５名に次の質問を実施した（注３）。「納期を守るために同僚が一生懸命に働いているときに、あなたの子ども（または家族）の誕生パーティーが家で開かれる。その時、家で家族と誕生パーティーを楽しまないで、他の同僚と一緒に働き続ける」。これに「はい」と回答した比率は、22社のなかで最低（40・５％）は日系企業ＮＩＫＫＩＳＯであり、最高（98・０％）はダナンの国営企業ＨＡＴＩＢＡであった。ＮＩＫＫＩＳＯの比率が低いのは、全企業の中で女性回答者が最多（96・４％）であったことが理由のひとつである。22社の単純平均は78・1%であった。これは、ベトナムでは仕事よりも家族優先という、一般的な先入観が払拭されなければならないことを意味している。

「(ベトナム人は) 確かに器用なんだが、どうしてか、どこかに手を抜くんだね。もっと正確に言えば、何とかなると、『これでいいや』とあきらめて、納得してしまうことである。ベトナムで何かを作ってもらう場合、最も重要なことは、タイミングを見計らって、作っているところに検査に行くことだ。手遅れにならない前に、できあがってしまわない前に、ほんの微妙な「直前」のタイミングに、検査に行く。これがコツなのだ。最後の手遅れになる前で、『ここのところは、こうしてね。これはだめだよ』と指摘しておくと、見事にその部分を上手く乗り越えて、処理して、こちらの希望に一応そってちゃんと完成させてくれる」

この指摘は、ベトナムに限らず外国で委託加工生産をする場合の共通の要点であると思われる。

以上のようなベトナム人の諸特性を理解することは、ベトナムビジネスの成功の前提である。ただし、人間の個性は多様である。すべての特性を一般化・絶対視してはならない。たとえば、関西人でも気難しい人はいる。

外国投資の大前提は政治的安定があってこそ

前述の樋口氏は、同書において次の指摘をしている。

「店の奥には、おばあさんが座っていたが、何が起こったのかとゆっくりと顔を出した。おばあさんの目つきも非常にシャープで、驚くほど知的な顔つきをしている」

このような知的な表情の高齢のベトナム人に私も頻繁に出会う。おそらく戦争当時の軍事情勢・政治方針などの議論を通して、政治的に鍛えられた世代であると想像できる。そうであるとすれば、ベトナムの社会的・政治的安定に対して、こういった世代の存在が大きく貢献している。

東京大学の古田教授によれば、1991年12月のソ連崩壊といった「社会主義の世界的な危機は、この理想のために15年前まで生死をかけた戦争が展開されていたベトナムでは、歴史の過程の中で「すでに選択された道」としての社会主義という夢を守るという、いわば「草の根」の保守的イデオロギーを刺激し活性化させることになった（注8）。

つまりは、「歴史的思い出」としての社会主義を放棄するわけにはいかないという話である」。これは外国の投資を受け入れるには政治的安定が必要であり、そのためには共産党支配しかないということである。これは、いわば経済面での「資本主義化」を促進するための、政治面での「社会主義の堅持」とでもいえる発想といえよう」。

ベトナムの高齢者は、このような「草の根」を構成している。さらに自分の子どもや兄弟姉妹を戦争で亡くしたという不幸に少なからぬ人々が遭遇している。かけがえのない親族を犠牲にしてまで勝ち取った国家の独立と統一は、ベトナム人にとって譲ることができないのではないか。それだからこそ、ベトナムの政治体制は安定している。

同じく古田教授によれば、ベトナムにおける高度経済成長路線を最初に提示した1994年共産党全国代表者会議で、経済成長にともなう次の「4つの危機」が指摘された。

⑴**落後の危機**：この「落後」とは、市場経済を導入して本格的な経済成長路線を採用したものの、その成長を達成することができず、「地域や世界の多くの諸国に比べて経済的にはるかにたちおくれたままになる」という危機である。

⑵**逸脱の危機**：路線や政策の「実現過程での偏向を克服できない場合におこる、社会主義という方向性を踏み外す」危機である。社会主義を志向するベトナムが、その志向性から逸脱するのである。この逸脱とは、具体的に、①国営経済や集団経済の役割の強化や発展を軽視する傾向、②社会的公平を破壊するような著しい格差を容認する傾向、③文化芸術活動の商業化などが指摘される。

⑶**汚職やその他の社会的病弊の危機**：共産党や政府による汚職や社会的犯罪の横行が、共産党や政府の権威に対する国民の信頼を失わせることである。それによって国民の不満は高まり、政府の求心力は弱まる。

⑷「**和平演変**」**の危機**：これは、敵対勢力による平和的体制転覆の陰謀と行動のことである。具体的には共産党の指導性を否定したり、対立野党を認めたりする政治的多元主義の導入を意味する。これは、経済成長の前提となる政治的安定を損なう恐れがある。

これら4点の危機の克服は、今日まで継続して追求されている。その実績をみれば、順調な経済成長は「落後の危機」を回避したものの、汚職については、後述するように2006年の国会での最大の問題となっている。いずれにせよ、このような方針の議論・決定・実施・検証に真剣に取り組んでいることは、ベトナム共産党と政府の誠実性を示している。このような誠実性が健在であるからこそ、今日まで共産党の一党独裁政権が維持されていると考えられる。

ベトナムは中国よりも権力分散している

中国・ベトナム・ラオス・キューバ・北朝鮮。現在の「社会主義国」として思い浮かべる国々である。共通しているのは「一党独裁」の政治体制ということである。そこで、次に「社会主義国→一党独裁国→非民主主義国家」という図式が、大多数の人々によって描かれるようである。その結論として、資本主義国＝日本とは価値観が違うということになる。

それではベトナムは非民主主義国家であるから、ベトナム人民は民主化運動を進めようとしているのか。1988年のソウルオリンピックまでの韓国の軍事独裁政権に対するような反体制運動が進展したり、1989年の中国・天安門事件のような市民・学生運動がベトナムで発生したりしたか。事実として、そのような大規模な反政府運動はベトナムで発生していない。それではベトナム政府が強力に国民を弾圧しているのか。または、ベトナム国民が民主主義に対する認識が低く無知なのか。いずれの回答も否である。1986年の「ドイモイ政策」採択以来、市場経済化は進展し、報道の自由も拡大している。共産党大会や国会において政府政策について活発な議論が戦わされている。

私見では、政治的安定に脅威を与えない限り、政府批判を含めた言論の自由はかなり容認されている。また、米国との戦争で大きな犠牲を払って独立を獲得したベトナム国民が、政治的なことに関心が少ないはずがない。「独立と自由ほど尊いものはない」という「建国の父」ホーチミンの名言は小学生でも知っている。

それでは、ベトナムは社会主義国ではないのか。その通り、社会主義国ではない。より正確には、「社会主義を志向する国」なのである。このように考えれば、冒頭の「図式」は、旧ソ連や東欧の社会主義国を想定した先入観・思い込みということになる。どのようなものにもレッテルを貼って安心するのは人間の習いであるが、そのことによって偏見や恣意性を助長してきたことも事実であろう。ベトナム＝社会主義国ということで、せっかくのビジネス機会を逸するのは惜しいと私は思う。

ベトナムは、旧ソ連をモデルにした社会主義国という既定の枠組みや概念に自国を適応させるのではなく、独自の社会主義の建設に向けて柔軟に発展を模索しているとみなされる。ソ連崩壊の後、前者から後者に政治思想の方向転換が促進されたと考えられる。そうであるからこそ、ベトナムは１９９５年にアセアン加盟が認められたのである。

アセアン加盟国であっても、ベトナムよりも自由が制限された国は存在する。たとえば意外ではあるが、それはシンガポールである。２００４年1月から医療用を除く「チューイングガム」の国内持込みが禁止された。さらに「落書き」をすると鞭打ち刑である。自分の家の樹木を勝手に伐採することも禁止である。このように考えれば、ベトナム社会主義は、国民が忍耐の限界を超えるほどに息苦しい不自由な政治体制ではないという結論になる。国民の支持がある限り、その政治体制は安定する。

ベトナムの政治体制は、共産党書記長・大統領（＝国家主席）・首相の三者に権力分散している。これに対して中国は、国家主席と共産党総書記を胡錦涛が兼務しており、それだけ権力集中している。アジア通貨危機の当時、ベトナムの市場改革を強力なリーダーシップで推進するという趣旨で、ベトナム版「鄧小平」の登場が進出企業の一部によって待望されたことがあった。しかしそれは実現せず、合議制に基づく政策決定が今日まで遂行されてきた。もともとベトナム共産党は「コンセンサス重視型の党」であり、そこでは政治・経済改革の路線論争は活発であった。しかし、その路線論争からは、個人的な権力掌握を目的とした権力闘争のような印象を私は受けなかった。そもそも路線論争と権力闘争は別個の概念である。これも政治的安定に寄与している。

政治的安定のために汚職追放は緊急課題

2005年の第10回ベトナム共産党大会では、汚職の克服・防止が強調された。これ以上の汚職の蔓延は、国民の共産党不審を招き、政権が不安定化すると懸念されたからである。しかし、ほかの国々と比較して、それほどまでにベトナムの汚職は深刻なのであろうか。

東アジア7カ国に関する2005年夏のICS（Investment Climate Survey：投資環境調査）によれば、「汚職はビジネスの制約になりますか?」という質問に対して、「いいえ」「少々」「深刻または多大」という選択肢3つで回答された結果は、次のように集計されている。

「いいえ」：①マレーシア（53・8％）、②ベトナム（52・3％）、③タイ（49・7％）、④フィリピン（40・6％）、⑤インドネシア（29・3％）、⑥中国（24・1％）、⑦カンボジア（4・7％）。

「**少々**」：①中国（48・5％）、②カンボジア（39・4％）、③タイ（32・1％）、④マレーシア（31・7％）、⑤インドネシア（29・2％）、⑥フィリピン（24・3％）、⑦ベトナム（17・8％）。

「**深刻または多大**」：①カンボジア（55・9％）、②インドネシア（41・5％）、③フィリピン（35・2％）、④中国（27・3％）、⑤タイ（18・3％）、⑥マレーシア（17・5％）、⑦ベトナム（14・2％）。

以上の結果を見れば、ベトナムの汚職の程度は、マレーシアと並ぶほどに小さい。これに対してカンボジアの汚職はきわめて深刻であることを示している。ただし、この調査結果には次の注釈がつく。

(1)ベトナムでは汚職が当然とみなされているために、この調査に回答した経営者がビジネスの制約と考えていない可能性がある。つまり汚職は、ビジネスに「織り込み済」である。ただし、これは他国の場合も同様である。「汚職がビジネスの制約になる」という経営者の認識の程度は、国によってさまざまである。

(2)実際、ベトナムにおける賄賂や贈り物の平均支払金額は、各1件当たり次のように推定されている。関税当局（360万ドン＝約22・5ドル：1ドル＝1万6000ドン）、税務署（340万ドン）、公安当局（190万ドン）、市場管理当局（190万ドン）、環境当局（140万ドン）、事業登録認可当局（120万ドン）。そのほかの人民委員会、労働社会保険当局、火災・建設安全・建築検査当局には平均100万ドン未満である。

(3)しかしながら、多くの回答者は賄賂を贈っていないと明言しており、贈ったとしても平均の賄賂金額は180万ドンである。これらの賄賂の支払いは年に数回に渡るが、ベトナムにおいて企業が支払う賄賂金額は他国に比べて多額とはいえない。

ベトナムの汚職・贈収賄は、以上のように日常的に行われているが、どちらかと言えば些少である。ただし「日常的」ということについて、一般国民の間で不満が高まっていることも事実であろう。汚職追放といった精神論的なスローガンではなく、公務員給与の引き上げなどの具体的な対策が抜本的な改善のために強く望まれる。

私見では、これから進出する日系企業は、以上のような汚職が普通と考えておくべきである。ただし、これは汚職ではなく、お世話になったお礼の意味を込めたお中元・お歳暮と考えるべきである。金額もその程度の感覚である。財政逼迫のベトナム政府に代わって受益者が公務員に支払う「給与補填」と考えてもよい。

このような「贈賄」を絶対しないという日本企業は、日本では当たり前に多数存在するが、そういった企業のベトナムでの活動は円滑に進行しているのであろうか。たとえば日本で「町内会の会費を払わない住民」のような存在にならないのだろうか。政府が汚職禁止をいっているのだから、贈賄しない企業が非難されることはないが、人間関係は必ずしも良好でないと想像される。

ほかのアジア諸国に比較して、ベトナムの汚職は総じて軽微である。もちろん「お中元」「お歳暮」の範囲を超える要求の場合、断固として拒否する毅然とした態度も必要となるだろう。ベトナム人当局者も図に乗ってはいけない。このような硬軟を併せもった柔軟な姿勢が、国際ビジネス成功のために一般に求められるのではないか。

第3章　市場経済国ベトナムの誕生。WTO加盟で新たな一歩を踏み出す

ベトナムのWTO（世界貿易機関）加盟は、2007年1月11日に達成された。WTOは自由貿易促進のための国際組織であり、2006年6月現在の加盟国は149カ国に達している。WTO加盟の実現は、ベトナムが市場経済国であると世界から認知されたことを意味する。市場経済に基づいて社会主義を志向する国として、ベトナムは新しい段階を迎えることになる。

中小企業にとって外国進出は一般に大きなリスクをともなうのだが、国内で新規事業を始めたり、新製品を開発したりする場合でも同様に大きなリスクが存在する。このように考えれば、それほど外国進出も大変なことではない。

その進出国を選定する場合、ベトナムがWTOに加盟すれば、ベトナムも普通の外国と考えてよいことになる。WTOは厳格なルールを加盟国に課すから、それにベトナムも従わざるを得ないからである。このことは、ベトナムに安心して投資してよいことを意味している。

ただし、自由貿易は国内市場における競争を激化させる。それにベトナム企業が十分に対処できるかどうかという懸念がある。それにも関わらず、ベトナム政府はWTO加盟を切望していた。加盟のメリットとデメリットが全体として評価された結果と考えられる。

本章では、ベトナムのWTO加盟に関わる諸問題を紹介する。また、そもそもWTOとは何か。このような問題も検討される。

『WTO貿易体制：10の利点』を読む

ベトナムは、2007年1月11日にWTO（世界貿易機構）加盟を果たした。隣国カンボジアが2004年9月に加盟承認され、それについてベトナム人の知人は「カンボジアは失うものがないから」とコメントする。しかし、国際政治的な地位から見れば、ベトナムはカンボジアに一歩先を越されたという印象は免れることはできない。

WTO加盟にともなう利点について、ベトナムでも広報が進んでいる。たとえば『WTO貿易体制：10の利点』という表題のベトナム語と英語の小冊子が一般書店でも販売されている。私の印象では、ベトナム企業経営者はWTOについて概要を知っているが、多数の一般国民は言葉だけ知っており、その内容については十分に理解していないと思われる。これは、日本でも同様の状況かもしれない。

そこで、以下では同書の内容を要約して紹介する。WTOにおける交渉は、日本にとっても無関係ではない。とくに農産物の自由化について日本に根強い反対がある。これは韓国でも同様である。このような問題を考える場合、そもそもWTOとは何かという原点に立ち戻った議論が必要である。この意味で、以下の「10の利点」をベトナムのみならず日本でも再認識・再検討されてもよい（注12）。

(1)平和を維持する

WTO体制は国際的な信頼と協力を創造・補強する。いわゆる貿易摩擦や経済摩擦さらに保護主義は、かつては世界大戦の原因となっていた。これに対してWTOはこういった貿易問題を建設的で公平な議論の中で解決する。ある国の保護主義は長期的には他国からの報復を招き、全体として経済問題が深刻化し、誰もが損する。勝者のいないシナリオを避けるためには、国家間の信頼と協力が必要とされる。

(2) 紛争は建設的に処理される

より多くの貿易は、より多くの紛争を生み出す。この紛争はWTO協定と規則に基づいて解決される。このことは、紛争の勝敗について明確な判断基準があることを意味する。

(3) 権力よりも規則に基づいた体制は加盟国すべてに好都合である

WTOの協定は全加盟国の交渉と合意に基づく。富裕国も貧困国も、WTOの紛争解決手順にしたがって提訴する同等の権利をもつ。小国は大国からの圧力を受けないので交渉力が増大し、大国はほとんどすべての貿易相手国とWTOという同じ協議の場で同時に交渉できるので手間が省ける。WTO協定に含まれた無差別の原則は複雑性を排除し、全加盟国に適応される単一の規則は、世界の貿易体制を簡素にする。

(4) より自由な貿易は生活コストを削減する

生産に利用される輸入品が安くなるので、生産コストが削減され、最終財やサービスの価格が下落し、生活コストが減少する。具体的には食料品やアパレル・縫製品の価格は下落する。貿易障壁が低くなれば、さらに自動車や電話サービス・携帯電話などの価格も安くなる。ただし農業政策は当面の課題であり、食料安全保障から環境保護まで広い範囲で議論されている。

(5) 輸入品によって消費者の選択の幅は拡大する

輸入品によって国内の市場競争が促進され、国産品の品質が改善される。国内生産の原材料・部品・設備として輸入品が使用されると、国内における最終製品やサービスさらに技術の幅が広がる。

(6)貿易は所得を増加させる

貿易障壁が低くなれば、貿易が増大して国民所得と個人所得が上昇する。ただし政府は、たとえば既存の生産活動における生産性や競争力を向上させたり、新しい活動に転業したりしようとする企業や労働者を支援するために、上記の増加所得を再配分しなければならない。

(7)貿易は経済成長を促進し、雇用を増加させうる

ただし雇用については次の2点が問題である。

第1に技術進歩が雇用と生産性に強い影響を及ぼす。第2に貿易による輸入品との競争のために、必ずしも新規雇用を生まない。より効果的な調整政策を採用した国は雇用が拡大する。EUや米国の実例では、貿易関係会社で雇用が増加している。なお保護主義は雇用喪失をもたらす。たとえば、米国における国内自動車産業の保護政策は、日本車の輸入を制限し、米国における自動車価格を上昇させた。これが自動車の売上減少をもたらし、米国の雇用喪失を生んだ。つまり短期的な問題解決（＝保護主義）は、長期的にはより大きな問題（＝経済衰退・雇用喪失）を発生させる。

(8)基本原則は貿易体制を経済的に効率化してコストを削減する

いろいろな関税率や規則をもった別々の国内市場よりも、世界が統一市場であったほうが、経済効率性の向上やコストの削減に貢献する。その基本原則は、①無差別、②透明性、③貿易条件の確実性増大、

④関税手続きの簡素化と標準化である。

(9)偏狭な利益集団の政治的圧力から政府を庇護する

輸入制限は、ある経済分野を支援する効果的な方法のように思えるが、それは経済全体の均衡を歪める。たとえば、縫製業だけを保護すれば衣料品価格が高くなり、それは全産業における賃金を圧迫する。

(10)よい政府を後押しする

WTO協定が政府に対する好ましい規律となり、恣意的な政策決定を生み出す汚職やロビー活動を減少させる。

以上で注目すべきことは、まず上記(6)が政府の役割を強調していることである。WTO加盟が野放図な市場経済の容認を意味しないことを示している。次に、(1)で指摘されているように、WTOは信頼と協力で成立していることに留意するべきである。たとえば日本において、国内農産物の保護は食料安全保障の観点から必要だという主張がある。この背景には、輸入農産物の安定的な供給量・品質・安全性に対する不信感がある。

しかし、日本人農家が、たとえばベトナム人農家に生産の技術指導をしたり、ベトナム人農家を研修生として日本に受け入れたりすることで、このような不信感は払拭されると思われる。農業分野における国際協力や国際交流を通して、WTOに対する農家の信頼感が形成される可能性があると私は思う。これについて、より一層検討されてもよい。

ナマズの対米輸出から、WTO加盟前の輸出動向を探る

ベトナムから、米国・日本に対する最近の輸出情報を紹介する。

米国商務省は、最近実施された調査後に、ベトナムからの輸入ナマズ（CATFISH）の切り身に対して、より高い反ダンピング関税を課すことを決定した（注13）。先週に発表された第1回調査の仮の結論によれば、ベトナムのバサやチャーという淡水魚の輸出業者において、関税が以前は36・84から53・68％にあった11社の中から2社が除外された。Vinh Hoan社は、以前の関税36・84％から6・81％に下落したが、他方、Catoco社の税率は、45・81％から80・88％に上昇した。ほかのナマズ輸出業者の税率63・88％に変化はなかった。

この調査に参加しなかったほとんどの輸出業者は、商務省によって罰則関税が改訂されたので高い価格を支払うことになった。これらの業者は、より高い関税はベトナムのナマズ輸出に否定的な影響をもつだろうが、もはや主要市場として米国に依存しないので深刻な事態ではないと述べている。私見では、ベトナムがWTOに加盟すれば、このような罰則関税についてベトナムはWTOに提訴することが可能になる。加盟国の権利は平等だからである。ベトナムにとって、それだけでも加盟の意義は大きい。

輸入ナマズに対するEUの需要は、鳥インフルエンザ発生の今年は20％上昇と予想されている。NamViet社（Navico）は、EU向けナマズ輸出の船積みの80％を販売している。2005年に同社は2万2000トン・7500万ドルをEU市場に輸出した。

米国における多数の州は、禁止化学物質が魚に含まれていると主張して、ベトナム輸入ナマズを禁止している。私見では、この危険化学物質は、米軍が散布した枯葉剤（ダイオキシン）のことを意味していると思われる。その原因を作った米国が、それを理由に輸入禁止するというのは、加害者の責任を被害者に転化する開き直りの言い分である。

このような米国の欺瞞性をベトナム人は賢明に理解していると思われる。ベトナム人のとくに若者は米国にあこがれているし、２００６年４月にハノイを訪問したマイクロソフト社のビル・ゲイツ会長は大歓迎を受けた。しかし、信頼に基づいた越米間の友好関係の構築は簡単でないと私は考えている。

ナマズ養殖は、メコンデルタ地帯における農民多数の主要な生活手段である。水産省の数値によれば、バサやチャーという魚は、ベトナムの魚輸出すべての53％に達し、輸出金額の12・５％である。それは２００５年に27億ドルに達している。

なお、２００５年におけるベトナムの対日輸出の上位10品目は、次の通りである。単位：百万ドル。①縫製衣料品：７２１・７、②水産物：６１４、③原油：５８５、④繊維製品：４６６、⑤電線：４５０・８、⑥石炭：２０７・６、⑦木工品：１８４・３、⑧靴：１３５、⑨綿製衣料：１２２・５、⑩電子部品：１１９。

これまで原油の輸入が日本の輸入品の第1位であったが、縫製衣料品が第1位に取って代わった。ベトナム縫製業の技術向上を反映している。

ベトナム驚愕のドミナント戦略。G7マートの全国展開

2006年3月30日、ホーチミン市のチュン・グエン・コーヒー社の本社を訪問した。この店のフランチャイズ店が、東京・六本木で開業している。残念ながら、日本で知り合った副社長タオさんは体調が悪く、副社長秘書のカンさんにお話を伺った。

コーヒーショップのチェーンストア展開で大成功した同社は、ホーチミン市の中心部に本社ビルを移した。チュン・グエン・コーヒー店それ自体は、同業のハイランド・コーヒーに猛追されているのが現状であるが、業界の先駆者は常に革新を追求する。昨年には、チュン・グエンよりも高級ブランドのG7というコーヒーショップを出店し、その次に同社は小売店のチェーン展開を計画している。名前は「G7マート」。ベトナム初の国産の「コンビニ店」である。副社長のタオさんによれば、本格的な物流センターを建設し、一気に全国展開を進めるということであった。

秘書のカンさんによれば、中規模なスーパーマーケットを500店舗、コンビニエンスストアを5000店舗を今年4〜5月に一気に展開する。フランチャイズ方式の店舗ですでに1年前から準備しているそうである。これまでの年間売上は、ホーチミン市だけで約400億ドン（=約2800万円）。コーヒー店500店舗の中で直営店は5店のみであり、そのほかはフランチャイズである。このことは、G7マートの場合もフランチャイズの運営管理ノウハウは蓄積しているということを意味している。ただし、コーヒー単品の小売とスーパーやコンビニでは、その仕入れや商品管理・販売ノウハウは別個に

考えたほうがよい。

それよりも驚くべきことは、ベトナム全土で一気に店舗展開するということである。この戦略は常識外である。通常は、少しずつ様子を見ながら徐々に店舗を増やす。これに対して、スーパーマーケットとコンビニにおいてベトナム全土に対する「ドミナント戦略」（特定地域に集中して店舗展開を行うこと。その地域内でシェアを拡大し、優位に立つ戦略）が採用されている。

ベトナムのビジネスは模倣が多い。たとえば、人気の海鮮料理店があれば、その隣に類似の名前を付けた海鮮料理店が開店する。建設ブームでレンガの価格が上がるとなれば、レンガをみんなが作りはじめて、結局は供給過剰で販売価格は下落する。従来からこういった事例が多々あった。このことを考慮すれば、他社に模倣されないように、最初から大きな投資をして一気にベトナム全土で優位性を発揮する「ドミナント戦略」がベトナムで有効であるかもしれない。最初から他社の追随を許さない規模の利益を実現するのである。当然、多数の店舗をもつことから、大量の仕入れによる仕入れコストの下落が期待できる。販売価格の優位性も追求できる。

果たして、このG7マートの戦略は成功するのであろうか。私見では、ベトナム最大の店舗展開という既成事実があれば、たとえばWTO加盟にともなって近い将来に外資流通企業の進出規制が緩和された場合、セブンイレブンやローソンといった世界の大手企業との業務提携などが有利になる。このように考えれば、今回のような先行投資は大きなリスクがともなうが、必ずしも無謀ではない。

このチュン・グエン・コーヒー社の社長は、コーヒー産地のボンメトート出身で、医学部の学生だった。２０００年「企業法」の施行は、民間企業の発展促進の政策をベトナム政府は推進する意思表示であったが、その優等生が同社である。ベトナム民間企業の成長のシンボル的な存在として、多数のＴＶやマスコミが紹介してきた。この意味で、同社の新たな挑戦は注目される。さらにその成否は、ベトナム流通業界の将来を占うことになるであろう。

ＪＥＴＲＯホーチミン事務所の中野前所長によれば、現時点で流通外資に市場開放した場合、ベトナムの地元スーパーで生き残れるのはコープマートだけだと指摘された。グエンフエ通りのＴＡＸ国営百貨店は、コープマートに比べて10％ほど販売価格が高い。コープマートは地元の民間スーパーとして健闘している。さらに、すでにコンビニでは24時間営業の店舗が６店ホーチミン市にある。本格的なコンビニの展開も時間の問題という状況だそうである。

この意味でＧ７マートの展開は時宜にかなっている。ベトナム人消費者は価格や品質に敏感であり、口コミで値段を教え合うことも多い。他方、流通システム全体としての低コスト化や合理化は今後の課題である。ベトナム人消費者に適応した小売業はどのような形態か。Ｇ７マートの展開は、その実証という意味もある。ＷＴＯ加盟で近い将来に外国流通企業の参入が本格的に開放されれば、ベトナム流通業界は大きな変動を迫られることになるであろう。なお、すでにＭＥＴＲＯ（ドイツ）・ユニマート（台湾）・ＢＩＧＣ（フランス）などが操業中である。

WTO加盟に向けた米国との合意とは

ベトナムのWTO加盟について、米国は基本的に認めることで2006年5月にベトナムと合意した。2国間協定の合意は米国が最後であったから、これでベトナムのWTO加盟は、多角間協議を残すのみとなり、加盟は確実になったのである。

WTO加盟は、新しく発足したベトナム新内閣の門出を祝福し、2006年11月にハノイで開催されるAPEC首脳会議に花を添えることになった。以下では、米国通商代表部によって公開された合意内容の一部を紹介する（注14）。

2006年5月31日にホーチミン市において、ベトナムがWTOに加盟申請の一部として要求されている双務的市場参入協定にベトナムと米国は公式に調印した。ベトナムのWTO加盟時に双務協定は完全に実施される。

その加盟申請を満たすために、ベトナムの貿易制度をWTO規則に合致させる改革を詳説した加盟作業部会報告書と加盟議定書について、ベトナムは多角間交渉を締結しなければならない。多角間協議の次のラウンドは2006年7月に開催された。その間にベトナムは、WTO条項が加盟後に適用可能な立法の制定・施行を継続してきた。ベトナムのWTO関与にともなう便益を米国企業が受けるためには、ベトナムに対するジャクソン・バニク（Jackson-Vanik）修正条項の適応を解除し、ベトナム製品に対する恒久通常貿易関係（PNTR）関税取り扱いの賦与を認可するという議会の行動が必要であった。

「ベトナムがWTOメンバーになれば、米国のサービス提供業者は、市場参入の促進とベトナムの内国民待遇によって利益を受けるであろう。それは幅広い分野に及び、保険・銀行業・証券・情報通信・エネルギーサービス・速配サービス・機械建築サービス・専門的サービスが含まれる。さらにベトナムは、そのスケジュールの中で指定されたよりも寛大な参入の提供を考慮することに合意した」

本書では、とりあえず銀行業と証券についてのみ以下で紹介する。

ベトナムは現在、少数株式所有持分49％に外国銀行を制限しているが、銀行支店を許可している。ベトナムは、外国証券会社が駐在員事務所を開設することだけを認めている。われわれのベトナムとのWTO双務的市場参入協定は、以下の改良を含んでいる。

⑴2007年4月1日現在、米国と他の外国銀行は、100％外国資本の子会社を設立することができるであろう。ベトナムの法的主体として、これらの子会社は市場参入における非差別的な（国内の）取り扱いを受けるであろう。米国銀行は、100％外国投資の銀行子会社を設立し、法的主体から無制限の現地通貨預金を預かり、クレジットカードを発行することができるであろう。

⑵ベトナム加盟の日付現在、外国証券会社は、最高49％までの外国人所有によって合弁会社を開業できるであろう。5年後に外国人は、証券会社を100％所有できるであろうし、いくつかの証券活動（資産管理・顧問・決済・清算のサービス）のためにベトナムで事業拡張できるであろう。

⑶ベトナムで設立された外国投資会社は、他の金融サービスの副次的な分野すべてに渡って内国民待遇を受けるであろう。

⑷国境を越える市場参入の公約は、ＯＥＣＤ諸国のそれらに匹敵するか、または勝っているであろう。以上は、ベトナムと米国の双務的な協定である。日本とベトナムは最恵国待遇の協定に調印しているから、ベトナムにおいて米国企業が可能な活動は、日本企業でも同様に活動できる。日本の銀行や証券会社のベトナム進出も近い将来に実現するであろう。

これまでのトヨタ・ホンダ・ソニー・松下・富士通といった製造業の時代は直接投資であった。銀行・証券業が本格参入すれば、それは間接投資の時代の到来を意味する。このことは、さらなる製造業の進出を促進することになる。

そこで次章では、ベトナム株式市場の現状と展望を紹介してみよう。

第4章　もうはじまっているベトナム株式投資。ブームに乗り遅れるな！

２００５年７月にホーチミン市で株式市場が開設された。その当時の上場企業は５銘柄であったが、現在はホーチミン証券取引センターにおいて１１０銘柄を超えた。先行する中国の株式市場の成長を想起すれば、ベトナム株式は現在は小規模であるが、将来性ある魅力的な投資対象であるとみなされる。事実、少なからぬ外国人投資家やベトナム人高額所得者層が、すでにベトナム株式・未上場株・投資ファンドに投資をはじめている。

日本経済が、人口減少や財政赤字など前例のない不透明な時期を迎えようとしている今こそ、資産分散の対象としてベトナムの株式市場に夢を託す好機であると思われる。ベトナム株式投資に乗り遅れない――これの判断の可否と遅速が、将来の「勝ち組」と「負け組」の分岐点になるかもしれない。

そうはいっても、ベトナム株式市場の法的規制は未整備であり、当然リスクは大きい。ベトナム株式投資の現状と展望を検討してみよう。

急成長を予感させるベトナム株式市場、その背景は何か

ベトナムでは2000年1月から「企業法」が施行され、民間企業が法的に保護されることになり、それ以降は民間企業数が飛躍的に増大した。さらに、2006年7月からWTO加盟に向けて「統一企業法」と「共通投資法」が施行され、外国企業と国内企業の法的な区別が基本的に解消した。この間、民間企業の実力は確実に向上した。

ベトナム人JICA研修生に対する私の講義経験からいえば、基本的な経営知識それ自体を普及させる段階から、それを応用・実践する方法やノウハウを教育する段階にベトナム人経営者のニーズは進化している。さらに、ベトナム民間企業は外国企業とのビジネス経験を次第に蓄積しており、国際標準的な取引慣行の習熟度やビジネス英語力を向上させている。

また、WTO加盟後の競争激化にベトナム企業は危機感をもっている。これらを背景にして設備投資のための資金需要は旺盛であるが、民間企業向けの銀行融資制度はとくに中小企業に対して未整備である。そこで、株式公開・株式上場を通した資金調達に関心が高まる。このような株式上場予備軍として多数の民間企業が存在している。

WTO加盟後は、国営企業の経営改革が急務となっている。株式会社化された国営企業の株式が入札で売りに出され、その調達資金で国際競争力を強化する。さらに上場することで、国内的・国際的な地位と評価を確保する。ベトナム国営企業が威信を保持し、さらなる発展を目標とするなら、このような

シナリオを描くことができる。

たとえば、ベトナムの原油採掘や石油販売を独占するベトナム石油、外国為替専門銀行ベトコム銀行、ベトナム最大手の保険会社バオベト、ニュース配信会社ベトナム通信社（ＶＮＡ）、ベトナム航空、携帯電話のモビフォン・ビナフォンなどの有力な国営企業が上場予備軍としてベトナムに多数待機している。

現在、外国資本１００％の会社設立が製造業で認可されている。他方、国営企業では２００５年10月から外国人の株式所有が30％から49％に引き上げられた。ベトナムの証券会社に外国人名義の口座を開設することも可能であり、それ以来、ベトナム株式市場は過熱気味になっている。さらに、いわゆる未上場株を対象にした「ベンチャーファンド」として外国人が特定の分野に投資することもできる。資金のみならず、経営ノウハウや取引先を求めているベトナム企業にとって、こういったファンドは魅力的である。他方、ファンドの形態なら個々の投資家はリスク分散できる。このような理由で外国人投資家の増大が見込まれる。

私が提案する「ベンチャーファンド」は、たとえばベトナムで研削加工部品を生産委託しようとする日本企業が新たに合弁企業を設立するのではなく、将来の上場を前提にしてベトナム企業に株式投資する。この投資資金は日本の投資家から募集し、自社は生産技術指導や販路拡大に専念する。この日本側の組織として２００６年５月の「新会社法」で規定されたＬＬＰ（有限責任事業組合）を活用すればよいかもしれない。これと同様にして、たとえば「すそ野産業育成ファンド」「流通近代化ファンド」「Ｉ

T高度化ファンド」などを通して、日本の資金と技術とノウハウがベトナムの産業発展に貢献する。ベトナムで「マネーゲーム」を演じて利益を得るのではなく、実物経済に貢献する投資ファンドがベトナムには求められている。

ベトナム株式市場の胎動。市場発展で日本の個人投資家も増加する

すでに第2章で指摘したが、都市部周辺の労働力不足と賃金上昇の傾向がある。これは換言すれば、国民の所得上昇を意味する。さらに、2003年前後の不動産投資ブームによって生まれたベトナム人富裕層が存在する。たとえば、ダナンのフラマリゾートホテルはベトナム屈指の5つ星ホテルである。かつては外国人宿泊客の専用ホテルという雰囲気であったが、現在はベトナム人家族連れの宿泊客で賑わっている。これらの富裕層は、間違いなく潜在的な個人投資家である。さらに株式市場の知識が普及すれば、株式投資の大衆化が着実に進む。

このようにベトナムでは、投資対象となる株式銘柄の増加が期待され、投資主体である投資家の拡大と成長が確実視される。さらに、2006年第11期第9回国会において証券取引法が成立した。これは、第3章で指摘したようにWTO加盟を想定した内容となっており、証券市場の対外開放と取引規制が法的に整備される。以上のことから、急成長を予感させるベトナム株式市場の胎動を感じることができる。

2005~2006年の年末年始、私はベトナムに滞在していた。ホーチミン市で最初に目にしたのは、有力経済新聞『ベトナム投資レビュー』の第1面「外国ファンドの洪水予報」という見出しであっ

た。さらに月刊誌『ベトナム経済タイムズ』は、「スマートな資本：間接投資家が根付く」という特集を掲載していた（注15）。これらの報道と独立して、私は「ベトナム株式投資の時代到来」と指摘した（注16）。以上のことは、ベトナム株式市場の発展の予感が彼我に共通して認識されたことを意味している。

現在、日本の株式市場が活況であるが、それ以上のハイリターンを期待する投資家は中国株やインド株に注目している。これらは日本の証券会社を通して個別銘柄、もしくは投資信託として売買できる。ベトナム株式も同様以上にハイリターンが期待できると思われるのだが、残念ながら日本の証券会社では売買できない。ここで通常の投資家は投資を断念するが、インターネットを参照すれば、すでに日本人投資家が少なからずベトナム株式の売買に参加していることがわかる。総論として、ベトナム株式市場の発展にともなって、日本人の個人投資家が増加することは間違いない。

さらに、２００５年12月に公募を締め切った日本向け初の「ベトナム・ドラゴン・ファンド：Vietnam Dragon Fund Limited（ＶＤＦ）」は、キャピタルパートナーズ証券を通して３５００万ドル（約40億円、１ドル＝１１６円）を日本で集めた。ＶＤＦの発行価額総額の上限が２億６２５０万ドル（約３０５億円）であり、２００６年5月に第２次募集を実施した。この運用会社であるドラゴン・キャピタル社は、同様のベトナム投資ファンドをロシアと香港で募集して運用を始めている。前者がＶＥＩＬ（Vietnam Enterprise Investments Limited）、後者がＶＧＦ（Vietnam Growth Fund Limited）である。

ベトナムに流入する外国資金の経路は、従来、①輸出、②直接投資、③ＯＤＡ、④外国人観光、⑤越僑や出稼ぎ労働者の本国送金であった（ただし、その他に非合法な送金がある）。これらに加えていま、

「証券投資＝間接投資」が本格的に開始されようとしている。これによって外国の資金流入は全開され、ベトナムの企業発展さらに経済成長に大きく貢献するとみなされる。

株式市場の役割。おそらくベトナム政府はこう考えている

社会主義を志向するベトナムが、資本主義の「本陣」を構成している株式市場を導入することに一般に違和感があるかもしれない。この違和感は、株式売買にともなう「不労所得」が社会主義を目標とするベトナムに不適当という考えに基づいていると思われる。確かに株式市場は不労所得を生み出す「マネーゲーム」の側面をもつが、それと同時に企業の資金調達のために重要な役割を果たしている。

株式市場において前者は「流通市場」の機能であり、後者は「発行市場」の機能である。これらは車の両輪である。発行市場だけでは投資した資金が容易に換金できないので、投資家は投資に躊躇するし、流通市場だけでは投資資金は企業の資金調達に貢献せず、株式市場が文字通りの「カジノ」になってしまう。ベトナム政府はこの両者の関係をどのように考えているのだろうか。

私見では、ベトナム政府は資本主義を象徴する理念的な株式市場ではなく、ベトナム経済の発展に寄与する機能的な側面に注目している。したがって、流通市場が「カジノ」もしくは「マネーゲーム」の状態になることを政府は懸念している。すでにベトナムの流通市場における株価変動は上下５％という値幅制限が設定されている。１９８０年代後半の日本の「バブル経済」の発生・拡大と同様の状況にベトナムが直面すれば、政府は金利政策をはじめとする抑制策を採用するべきであるし、それはベトナム

に限らず、今後の日本を含めた先進国でも同様である。

日本経済の「バブル崩壊」やタイから発生した「アジア通貨危機」は、その発生以前に警告を示す経済指標が発信されていた。たとえば、１９８８年前後の証券業界では「そろそろ株価は天井を打つ」と何度も指摘されていた。それでも「まだいける」という楽観的・希望的な観測で市況は動き、その結果、その後の株価下落にともなう不良債権の発生が日本経済に深刻な損傷を与えた。

このような経験を教訓として、ベトナム政府およびＳＳＣ（国家証券委員会：State Securities Commission）が的確に政策判断すれば、ベトナム株式市場における発行市場と流通市場の相乗的でバランスのとれた発展が期待できる。ベトナムが社会主義を志向する国か否かの分岐点は、このような調整的な抑制策の行使の有無であると考えられる。さらに将来、株式市場ブームが発生した場合、何らかの抑制的な規制が発動される可能性を投資家としては想定しておかなければならない。

ベトナム政府の本音は、発行市場だけを必要としていると想像されるのだが、それは不可能である。そこで当面、株式市場の発展のために、ベトナム政府は流通市場の発展を優先させている。一般の国民に対して株式市場が儲かるということを理解させなければ、株式市場に対する国内資金の流入は望めないからである。そこで、前述のように外国人投資家の株式所有規制が緩和され、個人の株式売買益は無税である。また、国内証券会社に対して法人税の減免といった優遇策を適用している。

さらにベトナム政府に求められることは、株式市場が「マネーゲーム」の場所ではなく、経済発展に貢献する役割を果たすということを広く国民に広報することである。株式投資の知識とノウハウを一般に普及させるためには、かつての財閥解体後の日本がそうであったように「株式民主化」の全国的なキャンペーンを実施してもよいし、株式投資のための専門学校や私塾が設立されてもよい。株式売買＝相場をめぐる悲喜劇は、どの国も経験してきたことである。ベトナムにおける健全な株式市場の発展を期待したい。

ベトナム株式投資の魅力と意義

それでは、ベトナム株式投資の魅力と意義は何であろうか。これまでの議論と重複する部分もあるが、次の6点を列挙できる。

(1)今後のベトナムでは、毎年7〜8％の経済成長が期待できる。東アジア諸国において中国に次ぐ高水準である。経済成長が株価上昇と高い相関をもっていることは自明である。さらに中国よりも貧富の格差は小さく、政権は合議を重視する。これらは政治的な安定を意味している。すなわち、カントリーリスクは小さい。「鳥インフルエンザ」が懸念されているとはいうものの、「国際的なテロリズム」発生の可能性はいまのところ皆無である。また、2006年はAPEC会議の主催国となり、ベトナムの国際協調路線は不可逆的に前進する。これは、今後の大きな政策変更がありえないことを意味する。

さらに2006年6月27日に終了した国会では、南部出身のチェット国家主席とズン首相が選出された。これによって経済改革が加速すると判断されている。これまではベトナム国内の地域感情に配慮して、政府首脳の出身地は北部・中部・南部と均衡が図られていたが、それが今回は無視された。私見では、政治的というよりも機能主義的な実務優先の首脳人事である。それほどまでに経済改革が急務と認識されている。これは株式市場にとって順風である。

(2)2007年1月11日にWTO加盟が承認された。これによって、さらなる経済成長が期待できる。とくに農産物・水産物・縫製品・皮革履物の輸出では、米国などの輸入割当が完全撤廃されたからである。ベトナム企業の国際競争力を強化するためには、銀行の制度改革を通した間接金融の円滑な運用のみならず、新たな資金調達の経路が求められる。これらの理由で、株式発行による直接金融の活発化が不可欠である。このように考えれば株式市場の発展政策は必然的であり、その逆行は想定できない。

たとえば、自動車産業の育成政策として企業数は4社が適当という「マスタープラン」が発表されながら、実際には10社を超える自動車企業の進出を認可するというような政策変更が「第1次投資ブーム」の時期にあった。しかし、証券市場における証券政策の場合、自動車産業のような唐突な政策変更はありえない。なぜなら、WTO加盟にともなった明確な計画に基づいた政策を粛々と実施せざるをえない経済環境が存在しているからである。

2000年に中国はWTOに加盟したが、その後に株式市場が萎縮した。それはWTO加盟後に施行すると公約された法的整備が思ったほど進捗せずに、その「失望売り」が原因とみなされる。これに対してベトナムのWTO加盟の前提条件は中国よりも厳しく、株式市場における中国の経験はベトナムに当てはまらない。

(3)前述のような日本向け「外国投資ファンド」VDFが2005年末に設定された。その後の

２００６年1月になって「そこには10年前の中国がある」というキャッチコピーで、「ベトナム民営化ファンド投資事業匿名組合」がユナイテッド・ワールド証券を媒介として日本人向けに投資を公募した。

ホーチミン市における２００５年の国別観光客の順位は、米国・日本・台湾・韓国・オーストラリア・フランスであった(注17)。観光客の増大は直接の外貨獲得だけでなく、間接投資に対する関心を誘発する。事実、ベトナム観光旅行でベトナム熱気を体感し、帰国後、直ちにベトナム株式投資を始めた日本人の知人がいる。また、越僑（外国在住ベトナム人）の帰国や直接投資も奨励されており、すでに有望なリゾート地域の開発投資などが顕著である。これらの越僑が株式投資に注目しないはずがない。以上のような外国資金の流入は株価上昇に大きく寄与する。

(4)有力な国営企業の新規公開（ＩＰＯ：Initial Public Offering）株式の供給増大が、以上のような需要増大に応えることになる。ベトナム国営企業は、日本の持株会社に相当する「総会社」の傘下に複数の企業を抱えている。たとえば、総会社ベトナム石油会社の傘下企業である採掘油井会社（ＰＶＤ）が、２００５年12月27日の入札によって株式公開された。株式発行時の平均入札価格は1万４０００ドン程度であったが、２００６年6月の店頭の売買価格は4万２０００ドンである。このように総会社の傘下企業が次々に株式公開されると考えれば、潜在的な未上場企業が多数存在する。ただし、総会社の株式公開は最後になると思われる。なぜなら、国営企業の所有もしくは支配の根幹を脅かすことになるからである。

(5)アジア開発銀行（ＡＤＢ）の支援の下に、ＳＳＣ（国家証券委員会）が株式市場を発展させるための長期計画「ベトナム資本市場ロードマップ：挑戦と政策選択」（以下、ロードマップと略記）を作成した（注18）。ロードマップは、２００３〜２０１２年までを三局面に区分し、それぞれの政策目標を詳細に説明している。投資家に混乱を与えないためには、株式市場発展の理念・道筋・手順・制度をあらかじめ明示しておかなければならない。この意味で、ロードマップによってベトナム証券行政の将来の変化を予想することができる。逆に、そのような予想ができなければ、投資家は安心して投資できない。なお、「どの程度までロードマップをベトナム政府が考慮しているのか。さらに、ロードマップを信用してよいか」という私の質問に対して、ベトコンバンク証券会社の売買担当者やドラゴン・キャピタル投資会社の取締役は「信用できる」と明言した。

(6)優秀な人材が活躍できる場所として、新たに証券業が提供される。これまでにはＩＴ（情報技術）についてベトナム人の優秀性が注目され、その人材育成のために日本のＯＤＡが投入されている。では、そのＩＴがベトナムで何に利用されるのか。当面、ベトナムの低労働コストに着目して、プログラムやシステム開発のオフショア（外国委託）生産が想定されており、実際に操業している日系企業およびベトナム企業が多数存在する。しかし、このような「オフショア生産」は、外国企業が統括する生産・流通組織に組み込まれた受動的な生産主体である。ベトナム経済の国際競争力を強化するためには、自社が商品企画・開発・製造し、自社ブランドを確立する能動的な生産企業の増加が求められる。このことは、すでに第１章の第６表で議論した委託加工生産企業にも共通した課題である。

株式市場そして証券業の発展は、以上の意味で、このようなＩＴ人材を金融工学やシステム売買の分野に多数吸収する。また、経済学・経営学・商学分野における優秀な人材が、投資顧問会社・証券会社・証券運用管理会社およびそれらの付属研究所で活躍できるようになる。ただし、資産運用や調査分析の手法について先進国からの技術移転が必要である。高い応用力や適応力に定評があるベトナム人は、これらの手法をベトナム流に的確に活用するだろう。

「衝動買い」と「狼狽売り」、ベトナム人株式投資家の現状

サイゴンタイムズ誌は、「成長する株式市場：必要とされる経験」という表題の記事を掲載している（注19）。以下では、これを簡単に紹介し、ベトナム人の株式投資家の特徴を指摘してみよう。

2006年5月初旬から、ベトナム株式市場の無秩序な状況が示された。その週の最初の三売買期間に市場は劇的に下落した。なぜなら、投資家が株式全部を買い入れ価格で売却したからである。三連続の売買期間における株式売却は、VNインデックス（ベトナム株価指数）を52ポイント、すなわち約10分の1下落させた。その後市場は、パニックに襲われた投資家にとっては喜ばしいことに、その週末の二売買期間に急激に反転して、VNインデックスで42ポイント上昇した。

これらの無秩序な動きは、衝動買い・狼狽売りの投資家をベトナム株式市場が抱え入れはじめたことを少なくとも示している。売買数と投資額は上昇しており、過去3カ月間に株式取引所はより多数の地元ベトナム人を売買に引き込んだ。このような市場での多数の売買者は、個人預金をもった未経験の個人投資家であり、不動産市場のような中途半端な投資対象に代わって、株式市場を試しているのである。

株式投資の初心者の参入によって、多数の証券会社は多忙をきわめることになった。昨年に比べてサイゴン証券会社では、売買登録した投資家数が3倍に達した。非競争価格で株式を取得している未経験の投資家は、非常識な高水準にまで株価を直ちに押し上げた。これらの人々が、先週、最大の被害を受けた投資家であった。

混乱した不満足な個人投資家の中で経験豊富な投資家や外国人投資家は、株式を購入するために冷静に最低価格で買い注文した。VNインデックスが最大下落した水曜日に、外国人投資家については、売りが1万7510株しかなく、買いが37万4600株であった。その買いは市場の売買成立総数の34%に達した。さらに、証券会社については同日、売りが2万6880株であり、買いが7万0500株であった。

しかし、しばらくして市場の弱気モードは消滅した。株式価格とVNインデックスは、再び上昇しはじめた。市場乱高下について『トイチェ新聞』によれば、ホーチミン市証券取引センターのチャン・ダク・シン所長が、このような株価の上昇と下落は、株式市場では普通のことであり、ベトナムの株式市場は発展の多くの余地があると述べている。

シン氏によれば、間もなく市場は多数の新規証券を受け入れる。当局は、ベトナム最大の民間銀行サコムバンク（Saigon Commercial Bank）の上場を認可する寸前である。サコムバンクの上場によって、額面価格約1兆9000億ドン（約1億1875万ドル）の株式が追加されることになる。SSC（国家証券委員会）は、市場で売買される額面株式の価値は本年末までに2倍になって7兆ドン（約

4億3750万ドル）を超えると推定している。

市場が強気であっても弱気であっても、ベトナム人の新しい投資家は、これまでの株価変動から1つか2つの教訓を学ぶべきである。経験をもったベトナム人個人投資家のみならず機関投資家と外国人投資家も、平穏のままに株価乱高下を生き延びた。被害が最大の投資家は、無知で保守的な売買注文をする初心者の投資家であった。

新しいベトナム人投資家の多数は、上場会社がどのようなものであり、どのように株式市場が機能しているかといったもっとも基礎的な知識さえ欠落していた。会社の財務諸表や報告書を読むことさえできない投資家もいた。上場会社の指標の慎重な検討ではなく、新人投資家・友人・家族といった非専門家の助言に基づいて多数の売買が注文された。

求む！ 株式の知識と経験をもった投資家

金融当局は、株式市場の基本情報をもった新進の株式投資家やそれに関心のある人々を育成するための活動を促進しなければならない。この状況に適応する新しい投資家を支援するために、いくつかの当局はゆっくりではあるが確実な試みに取り組んでいる。

シン氏は次のように述べる。「当局によって毎週セミナーが開催されるであろう。そこでは経験豊富な投資家が、株式取引の新人出席者に対して株式市場における自らの経験を話すようにする」

私見では、2006年5月の全世界的な株式下落はBRICsの国々（ブラジル・ロシア・インド・中国）

で大きく、国際的なヘッジファンドが投機資金を引き上げる動きが原因と指摘されている（日本経済新聞2006年5月21日）。この世界的な株安の動向は、本来ベトナムと連動しないはずである。国際的なヘッジファンドがベトナムに投資したことは寡聞であるし、ベトナムの基盤的条件（ファンダメンタルズ）は不変である。

それにもかかわらず、ベトナム株価指数が下落したことは、上述のようなベトナム人投資家の「狼狽売り」が原因と思われる。おそらく、これらのベトナム人投資家は富裕層であり、数回の外国旅行も経験している。そして、国際的な英語情報にも常時触れている。CNN・BCC・インターネットまたは外国在住の親戚・友人から世界的な株価下落の情報を入手し、「それなら早く売らなくては損する」と「賢明に」判断して、所有株式を早急に売却したと想像される。

他方、1997年の「アジア通貨危機」にともなう経済停滞の時期でも、ベトナムは経済成長を続けた。その理由は、ベトナム通貨・ドンの変動が国際通貨に連動していないために、アジア諸国における急激な通貨下落の影響を受けなかったからである。これと同様に、ベトナム株式市場は国際的な投資・投機ファンドを大規模に受け入れていない。それほどの市場規模に成長していないからである。

このように考えれば、ベトナム株価指数が下落する必然性はなかったとみなされる。株式投資に関する中途半端な知識をもった投資家の売買行動が、株式市場の攪乱要因になったとみなされる。前述の株価下落の局面では、少なくとも株式投資の経験をもった日本人投資家なら、「軟ピン買い」（株式購入の平均価格を下落させる目的で、株価下落の時点で当該株式を再び買い増しすること）の場面であろう。

または、一時的な株価下落と判断して静観するであろう。また本来、ほとんどの外国人のベトナム投資の目的は長期保有による株価上昇であって、短期的な売買ではないとみなされる。

ベトナム株式投資の懸念を払拭する

ベトナム株式市場の株価上昇について、企業実態を反映しない「バブル発生」という見方がある。さらに外国投機資金の流入が株価上昇の原因であるから、その資金の引き上げによって株価下落もありうるという見解もある。

確かに上場企業については、外国人投資家の投資金額の増大によって、過剰に株価が上昇している可能性がある。しかし、それはベトナム企業成長の期待値の高さを示しているのであって、「バブル」とは言い難いと私は判断している。もっとも利益確定のための売却もあり、短期的な株価下落はありうる。ただし、長期的な株価上昇の基調に変化がないと思われる。

さらに前述のような投資ファンドを通して、外国資金がベトナム株式市場に流入すれば、さらなる株価上昇が期待できる。したがって、日本の構造変化をともなうような「バブル崩壊」といった懸念はないであろう。あくまでも循環的な調整局面の変動とみなされる。

未上場株式の売買については、簡単に外国資金が関与できない。外国からの資金送金は可能であるが、未上場株式に対する投資は「相対取引」であり、その情報は証券会社および営業担当者の「コネ」に依存している。さらに重要なことは、ベトナムの証券会社に外国人が口座を開設したとしても、未上場株式については売買利益を外国に送金できない。未上場株式を売買する公式の店頭市場が未整備なのである。そこで、公式の店頭市場の設置がハノイで準備されている。

この未上場株の株価が、やはり急上昇している。たとえば、株式公開を目前にした民間企業「サイゴン商業銀行（SACOM BANK）」は、2006年4月18日に1株7万0500ドン（1ドン＝1万6000ドンとして4・41ドル）であったが、4月20日には9万2000ドン（5・75ドル）になっている。こういった未上場株式は、前述のように通常の外国人投資家の購入はむずかしい。したがって、ベトナム人投資家またはベトナム人を通した外国人が売買していると推測される。

未上場株式についていえば、前述のVDFのような外国投資ファンドはそれを購入できる。また外国送金も可能となっている。投資信託などを運用・管理する証券管理運用会社が証券会社とは別個に設立されており、そこから外国送金できるからである。ただし、ケイマン諸島やバージンアイランドなどの第三国のペーパーカンパニー経由による節税取引について、ベトナム政府当局は研究（警戒）している。不正取引の温床になる可能性があるからである。何らかの規制が課せられるリスクもある。

なお、VDFのような投資ファンドが所有する大量の未上場株式を相対取引で一気に売却することは無理である。したがって、未上場株の株価下落は当面考えられない。また通常、未上場株は株式上場までは持続保有されるのが一般的である。以上、未上場株式の売買価格は順調に上昇するとみなされる。

このように考えれば、ベトナムの株価動向は、株式市場の本来の機能を表現している。国内・外国の余剰資金が株式市場に向かい、それが株価を上昇させる。その上昇した株価によって企業は資金調達が容易になる。それが企業成長・経済成長に貢献する。このような期待を込めて企業実態からやや乖離した高株価が示される。

これに対して日本で流行の「デイ・トレーディング」こそ、マネーゲームそのものである。同じ株式投資をするなら、マネーゲームの日本よりも、ベトナムの経済成長に確実に貢献するベトナム株式に投資したいと私は思っている。

流動性に制約あり、株式が売却できないリスク

友人のベトナム人大学教員の中には、「私も株式を買った。また情報があったら教えてね」という人もいれば、「会社が倒産すれば、投資したお金はなくなるのでしょう……」と株式投資それ自体に警戒感を示す人もいる。子どもを私費で米国留学させるほどの資産家でも株式投資に首をすくめているし、ベトナム商工会議所の友人は「株式投資よりもコーヒーショップの経営が儲かる」といっている。ただし、このようなベトナム人の認識は現在の金融市場の状況に依存している。インフレーションを抑制するために高金利（年間預金金利10％程度）政策が採用されている。高金利政策からの転換によって、株式投資が注目されることは間違いない。

しかし、当然、発展途上国ベトナムにおける株式投資には多大のリスクがともなう。ベトナムは文字通り「ハイリスク・ハイリターン」の株式投資国ある。そこで、前述のＶＤＦ（ベトナム・ドラゴン・ファンド）の『目論見書』を参考にして、この「ハイリスク」について紹介・検討する。なお、誤解を避け

るためには『目論見書』原文（http://www.capital.co.jp/index.html）を直接参照していただきたい。

「すべての有価証券投資には、元本の喪失リスクがある」。これが回避できたとしても、通常の市場リスク（株価変動リスク）・金利リスク（社債などの利率変動リスク）などが株式投資にともなう。さらに、次のようなベトナム固有のリスクがある。これらは、私見では過大評価であり、後述するように十分に対応できるとみなされる。

しかし、一般投資家を公募するための「リスク開示」が法的に必要という理由で網羅的に列挙されている。①限られた流動性、②上場会社・上場予定会社への投資、③投資先企業の競争、④限られた投資機会、⑤法制度、⑥政治および経済リスク、⑦会計・監査および財務報告基準、⑧為替リスク、⑨通貨の交換および資本管理、⑩活発な流通市場の欠如、⑪社内での利益相反、⑫その他：投資機会の配分。

なお、『目論見書』には、**「当社（引用者注：クローズド・エンド型の投資会社ファンドを意味する。以下同様）への投資は、日本の証券市場に投資する場合に通常ともなわないような下記（引用者注：本書では上記）記載のリスクを含むリスク要因を十分考慮したうえで検討されるべきであり、従って当社への投資は当社への投資にともなうリスクを十分認識しており、かつかかるリスクに十分耐えられるだけの能力と意思を有する投資家にのみに適している」**と記載されている。

この表現は、簡単にいえば、「損しても大丈夫な人だけが投資しなさい」ということ。言い換えれば、「損して文句をいっても無駄です」という意味である。これほどの「ハイリスク」の内容は、具体的に何だろうか。より詳細に検討してみよう。

「当社がその投資を処分することは、より先進地域の投資家にとってそうであるよりはるかに困難である可能性がある」

その理由は、投資対象となる株式が未上場株式だからである。また、上場株であったとしても、ベトナム証券取引所が流通市場を制限しているために買い手が見つからない場合がある。さらに、余裕資金をもった株式投資家の絶対数が少数である。ここで「より先進地域の投資家にとってそうである」という意味は、大量株式の買い手を通常の市場取引で見つける困難性を指摘している。そこで大株主は株式売却ではなく、「もの言う株主」として企業経営に関与する。さらに、M＆Aや事業再編などを提案して買い手を見つけ出す。この手法の典型が「村上ファンド」である。

さて、この流動性の問題は次のサイクルで解決できる。①経済成長による所得上昇→②外国人投資および投資ファンドの拡大→③中長期的な株価上昇→④株式市場に対する関心と知識普及→⑤ベトナム人国内投資家の増加。この「好循環」が開始される始点は「経済成長による所得上昇」である。

経済成長と株価上昇が連動するのは自明である。より正確には、個々の企業の業績向上の集積が経済成長という結果になる。業績が向上した企業の企業価値は上昇する。しかし、ベトナムの場合、それが株価上昇に直結しない。前述したように株式市場に対する認識が普及していないからである。そこで、外国人投資家および投資ファンドがベトナムに注目し、外国から流動性がベトナムに提供されると予想される。そうなれば株価は上昇するが、市場の値幅制限もあり、株価高騰は期待できない。しかし、経済成長と外国人投資家増加の連関が継続すれば、中長期の株価上昇は確実であり、そうなればベトナム人投資家も増大する。

ベトナム政府は、発行市場を拡大するために国営企業の株式会社化を現在急速に推進している。それだからこそ「ベトナム株式ブーム」が発生しているが、残念ながら発行市場の拡大ほどに流通市場は発展していない。より的確にいうとすれば、ベトナム政府は発行市場に対応した流通市場の発展を待つだけの時間的な余裕がない。それほどに国営企業改革を急いでいるのである。この時間の乖離が流動性の欠如を招いている。この問題は、上記の好循環の過程で次第に解消されると予想される。

株式投資に設けられた値幅制限と所有制限

上場企業に対して株式投資を行う場合、次のような制限が存在する。

まず、上場**「株式の値幅は、1日当たり上下幅5％に制限されており、上場会社1社に対する外国人株式所有比率の総枠は現在、発行済株式の49％までに制限されている」**。株価の値幅が日本の場合には上下幅10％（正確には株価水準によって金額が設定）。であるから、日本よりベトナムはより厳しく価格変動が規制されている。

このことは、ベトナム政府および国家証券委員会が流動市場の加熱化を懸念していることを示している。すなわち、株式市場のマネーゲーム化を回避する意図がある。上下5％の変動は、短期的なキャピタルゲイン（株式売買益）獲得の魅力を低下させる。したがって、上場株式は長期保有という投資戦略が最適であろう。

外国人株式所有の上限が49％まで昨年に拡大された。残りの51％にはベトナム国籍の個人と民間企業・合弁企業が含まれる。したがって、国有企業が株式会社化し、それが上場する場合、政府が過半数の株式所有をできない可能性が高い。

ベトナム政府がそれを容認するのであれば、国有企業の民営化に向けて政府は決断を済ませたと評価される。これに対して国営企業の資金調達を優先し、流通市場の発展をサボタージュする意図が政府にあるとすれば、その上場は遠い将来になってしまう。これは、次の上場予定会社に対する投資リスクでも強調されている。未上場株を購入したが、その売買は店頭市場に限定され、未上場の状態が長く続く。これでは、株式上場以降の株価高騰が期待できない。

私はこの可能性は少なく、国有企業の民営化を政府は大胆に推進すると判断している。なぜなら前述の資本市場の「ロードマップ」にしたがえば、数年後に現在の上場会社数を急増させることが政府の決断だからである。また、特定の外国人株主の所有比率が増大すれば、当該企業の政府の影響力を温存するために、政府系企業に対して第三者割当増資する可能性もある。したがって、政府は支配権を維持するために、必ずしも過半数の株式を所有する必要はない。このように国営企業の上場を政府が忌避するような懸念は少ないと私は予想している。

上場予定会社への投資リスク

上場予定会社が「突如、これらの取引所（引用者注：ベトナム証券取引所または他の証券取引所）

に上場する前に、多額の追加的な資金支援を必要とする可能性がある」。このリスクは確かに存在する。上場するための財務状況を改善するために、既存の株主に対して増資を求めることがある。このリスクを回避するためには、日常的に投資先の経営動向を監視すると同時に、増資に備えるために一定の現金を準備しておかなければならない。しかし、最悪の場合でも、既存の株式比率の減少であって、投資資金の絶対額が減少するわけではない。

「一般的に、上場予定会社および外資系企業および外資系企業に対する当社（引用者注：ＶＤＦのこと）の投資は評価が困難で、かかる投資のためのヘッジ手段はほとんど、あるいは全くない。もし、ベトナム証券取引所または他の証券取引所への上場が実現しない場合、上場予定会社および外資系企業への投資はかなりの長期にわたって保有し続けることを余儀なくされる可能性がある。上場を果たすことができなかった上場予定会社の有価証券の売却は不可能であるかもしれず、もし可能であるとしても、大幅なディスカウントでなければ実現しない恐れがある」

未上場株式に投資する場合、このようなリスクがともなうことは日本も同様である。リスクを低減させるためには、未上場株の店頭市場売買の時点で元金を確保しておくことである。ただし、上場企業数を増加させるという政府政策が維持されている限り、長期に保有する覚悟があれば、最終的に利益は期待できる。また、上場はしなくても、インカムゲイン（配当金収益）は獲得できると予想できる。

上場予定会社といえば、日本では民間のベンチャー企業を想起するのだが、ベトナムの場合は国営企業を主に意味する。これは、かつての日本の国鉄・電電公社・専売公社などが上場する場合に類似している。未上場株式が上場しないということになれば、ベトナム政府の威信に傷がつくことになる。このように考えれば、未上場株式が上場しないリスクは日本よりもベトナムが小さいと判断できる。

投資先企業は、投資効率性を優先して対処する

「投資した先の企業の財務能力は、ベトナムの貿易体制の変化によって影響を受ける可能性がある。―（省略）―ベトナムが世界貿易機関（WTO）に加盟する場合には、その結果生ずる諸処の変化からさらに競争が激化し、一段の変化が起こる可能性もある。ベトナム政府は、2006年に世界貿易機関に加盟することを希望している。かかる変化やその他市場の力学により、当社の投資はいずれかの段階で大きく下落する可能性がある」

この指摘は、ドラゴン・ファンド（＝上記の当社）の投資資金量に依存する。同ファンドは大量の投資資金を募集し、その運用のために広範な投資対象株式を必要としている。したがって、必ずしも優良株式を厳選して投資するわけではないと推定される。事実、特定銘柄に対する投資を20％に限定した投資方針をドラゴン・ファンドは『目論見書』で表明している。他方、小規模な投資資金（100万ドル程度）を厳選した優良銘柄に集中投資することが、ベトナム投資成功の秘訣であると私は判断している。

ベトナムの株式市場の規模に対応した最適の投資金額が存在するはずであり、それよりも多額の投資金額を集めても、それは投資効率を悪化させる。投資ファンドの運用では、資金量の多寡ではなく、投資収益率の向上こそが投資家の期待に応えるのである。投資運用会社は、総投資資産に対する一定比率の手数料収入を収益源としている。したがって、大量の投資資金を集めることを最優先にするが、それは必ずしも投資家の利益と一致していない。

もちろん前述の指摘のように、ベトナム企業の競争激化は予想されるリスクである。しかし、日本のODAの成果として「東西回廊」が整備され、バンコク〜ハノイ、広州〜ハノイといった原材料・部品調達の陸路ルートが構築中である。これは、原材料・部品調達の「すそ野産業」が不十分というベトナム経済の弱点を克服する。このようなベトナム経済全体の発展状況を考慮すれば、ベトナムの国際競争力が不足して経営破綻などの状況が発生するという事態は限定的または杞憂であると思われる。要するに投資先企業の競争リスクは、国際競争力を備えた厳選された優良銘柄に投資するという当たり前の投資戦略によって、十分に回避できると私は考えている。

「ベトナム国内の上場会社の数が限られていること、および上場会社に対する外国人持分が49%に制限されていることから、魅力的な投資機会をめぐる競争は投資の実行を遅らせ、投資価格の上昇、ひいては潜在的利益の減少につながる可能性がある」

この指摘は当然であるが、それは前述のように投資効率性の問題である。たとえば同じ100万ドルで株式を購入しても、大規模な投資ファンドなら投資の一部にすぎないが、小規模投資ファンドもしくは個人投資なら、十分な投資金額とみなされる場合がある。このように投資機会が限られているというリスクは、現在の市場規模以上の過大な投資ファンドを募集したことから生じた特別なリスクであると解釈できる。

なお、現在のベトナムでは、いわゆるインサイダー取引規制は明示化されていない。インサイダー情報に基づく取り引きの無法状態が、とくに未上場株式取引で続いていると想像される。しかしながら私の経験によれば、株式公開時における株価の競争入札は公平に実施され、その結果の情報開示も十分に行われているようである。国営企業の従業員ですら自社の株式を優先的に購入できないという話を聞けば、入札それ自体は公平であろう。

法制度・政策から生じるリスク

「ベトナムの会社に影響を与える法令諸規則はいまだ草創期にあり、十分確立されていない。同国における法制度は改善されつつあり、また政府により一層の法制改革を計画しているかに見えるものの、当社がベトナムにおいてその権利を法的手続により有効に執行しうる保証はなく、法制度の改良が継続される保証もない。ベトナムの法制度が整備されるにつれ、法律と規則の間に矛盾ないしは隔たりが生じ、政府機関による法律や規則の運用が極度に裁量的となる可能性があり、多くの分野で法的枠組みが曖昧で矛盾に満ち、見解の相違にさらされる。さらに、司法制度は信頼性が低いかまたは客観的でなく、法的権利を執行する能力をしばしば欠いている」

以上の法的なリスクは確かに存在する。しかし私見では、「法律の規則や運用が極度に裁量的となる可能性」はリスクであると同時に好機でもある。裁量的であるからこそ、簡単にいえば融通が働くし、柔軟に対応してもらえる可能性がある。発展途上国は、経済水準のみならず、法的・制度的にも発展途上である。そうだからこそハイリスクであるが、同時にハイリターンと考えられる。

「当社の資産価値および当社による投資の価値は、政府、政府官吏または政府方針の変更により悪影響を受ける可能性がある。その中には、経済政策、税制、投資規則、有価証券規制および外貨の交換または本国送金の変更が含まれる。ベトナムは多くの改革を実行し、その結果、投資家および投資先である企業にとっての総体的な枠組みは改良されてはいるものの、改革が続行され、所定のペースで進捗する保証はない」

以上は、いわゆる「カントリーリスク」一般についての指摘である。政治的な安定性については、東南アジア諸国でベトナムは最上位である。この意味で、カントリーリスクは最低水準である。また、これまでの政策について劇的な変更は考えられない。

上記の要点は、予期せぬ突然の政策変更リスクという問題である。これまでの実例でいえば、たとえばホンダベトナムに対して部品輸入制限という突然の政策が実施されたが、この政策実施にも前兆があったといわれている。まず、ベトナム語の学術雑誌や共産党機関誌において改革意見が提案的・学術的に開示される。その後に、その妥当性が党・政府の中で議論される。その結果、具体的な規制が施行される。

したがって、政策変更の前兆を把握することがリスク回避に役立つとみなされる。私が危惧するのは、株式取引が加熱した場合、政府または取引所が取引量を制限したり、売買停止措置を採用したりすることである。慎重な観察からその前兆を把握し、迅速な株式処分によってリスクに対応しなければならない。

会計・監査および財務報告基準は信用できるか？

「ベトナムの会計、監査および財務報告基準、実務および開示要件は、先進国のそれらと異なっているが、今では差異は以前よりも縮小している」

確かに会計制度それ自体は指摘の通りに改善されているが、その運用については問題がある。たとえば外資系企業に対して厳格な会計処理を求めている一方、ベトナム国内企業には甘いという批判は以前からあった。また、ベトナム企業が発表する会計報告書・財務報告書を信じているベトナム人が何人いるかという状況も存在している。したがって、株式投資はリスクが大きいと指摘するベトナム人がいる。

これは確かにリスクである。しかし、日本の場合も財務諸表を読みこなして投資判断している投資家はきわめて少数であろう。ライブドア事件における粉飾決算は極端としても、同様のことが日本の他社でも皆無といえないであろう。このように考えれば、より重要な投資判断は財務諸表の適格性ではなく、現実の事業内容や経営戦略の妥当性・将来性である。ＶＤＦの投資方針でも指摘しているが、投資先会社の経営者には必ず面会し、その経営理念や経営戦略の適否を確認することである。

為替リスクを見落とすな

「2000年、2001年、2002年、2003年および2004年に、ドンは米ドルに対しそれぞれ3・4％、3・9％、1・94％、1・65％および0・8％下落した。当社は、通貨の下落により生ずる

当社の投資の価値の低下をヘッジするよう努力する所存であるが（ただし、適切なヘッジ手段がタイムリーにかつ妥当な条件で利用可能な場合に限る）、かかるヘッジ取引が通貨の下落に対して有効なプロテクションになる保証はない」

以上の「ドン安」傾向は、ベトナムの特徴である。価格に変化がないとすれば、一般にドン建ての輸出は有利になり、ドル建ての輸入は不利である。他方、外国からの株式投資の為替リスクは、たとえば投資時と売却時の期間に株価が2倍になったとしても、為替レートが1ドル＝1万6000〜3万2000ドンに下落すれば、ドル建ての株式売却益が消滅するということである。

このリスクは当然である。ベトナムの為替政策は傾向的な「ドン安」誘導とみなされるから、それを織り込んだ売買方針に基づいて、外国人投資家のドル建て利益を早めに確保しておくことが対策のひとつである。このような対応はドル需要を高めるから、ますます「ドン安」を加速することになる。いわば悪循環に陥ることになる。

また、外国送金を考えず、為替リスクから自由になる対策もある。個人投資家がベトナムのリゾート滞在に株式利益を使ってもよいし、法人投資家がベトナム製品の輸入代金に使用してもよい。このようなベトナムの利益をベトナムで使う機会は、今後ますます増大すると思われる。株価上昇間のインフレのリスクもあるが、こういった投資はベトナムから歓迎される。この意味で「ドン建て投資ファンド」設定が検討されてもよい。

ベトナム株式投資の教訓

ベトナムにくわしい人なら、ファンランという地名を聞いたことがあるかもしれない。ファンランはニントゥアン省（省都：ニンチュウ市）にあり、カムラン空港から有名リゾートのニャチャンの反対方向、ホーチミン市方面に自動車で1時間少しである。ここは、定番の旅行案内書『地球の歩き方』にも記載されている。

私はファンランを訪問したことがある。塩田で有名な所であり、その塩の味はミネラルが豊富のために甘い。この味は、私の人生50年の中で驚きであった。東京の高級料理店がわざわざ買い付けに来ているし、大手商社も注目しているそうである（日本経済新聞２００５年7月11日大阪版夕刊）。

このファンランの製塩会社「ニントゥアン製塩社」が株式会社化され、その株式の一部が２００６年1月に新規公開された。その入札競売方式による新規株式公開（ＩＰＯ）が、ホーチミン証券取引所で行われた。その結果、額面1万ドンで、最低入札価格が1万50ドンに対して、最高入札価格も1万50ドンでしかなかった。簡単にいって株式公開は失敗であった。

入札失敗の理由は、ベトナム製塩技術が未熟であることと生産が天候に左右されるので不安定ということが指摘されている。そのために人気が出なかったのである。なるほど、その通りであるが、これは本当の理由ではない。

ここにベトナム株式投資の教訓を7つ挙げよう。これら教訓は、現在進行形で追加・修正される内容である。それほどにベトナム株式市場は成長途上である。なお、前述の事例から、教訓は次の2点である。

教訓①：外国人が「良い会社」と思っても、ベトナム人が「良い会社」と思わない株式購入は慎重にする。ベトナムのことはベトナム人に聞く。

ファンランの塩は、外国人が思っているほどにベトナム人は商品価値があると考えていないのかもしれない。この事例の製塩会社は投資対象会社ではなく、外国人が育成していく会社とみなすべきである。「ベンチャーファンド」を通して株式を取得し、新しい生産技術を導入・指導し、競争力を強化し、さらに商品化や外国の販路確保まで協力する。その後に上場し、創業者利得をベトナム人と共に享受する。この会社は、このようなタイプの会社ではないかと思われる。ともかく重要なことは、ベトナム株式の評価についてはベトナム人に聞くことである。

教訓②：一般の外国人が知らない「マニアック」なベトナム株式には手を出さない。

「ベトナム通」を自称する人にとって「ファンランの塩」は有名だし、その味を体験すると評価が高まる。しかし、それより先に転換社債を販売した「ベトコムバンク」や株式を公開時に入札競売した「ベトナム石油採掘油井会社」に比較して、一般の外国人の知名度は非常に低い。外国人にも納得できる有力なまたは知名度のある国営企業の株式を購入するべきである。このような株式投資の考え方は日本でも同様である。自分だけが思い込んでいる優良株式は、絶対に値上がりしない。株価上昇には、多数の投資家も同じように考えることが不可欠である。経済学者ケインズが述べたように「株式投資は美人コンテスト」である。

２００６年1月のハノイミルク社の未公開株は1株32万ドンであった。額面10万ドンの株式である。ハノイミルクは、業界最大手のビナミルク社（２００６年1月に上場）に比べて知名度は低いが、独自商品として乳幼児向けのミルクがあり、それが強みである。ビナミルクの株価上昇に連動してハノイミルクの株価も上がると予想される。ベトナムの人口構成はピラミッド型。近い将来、人口８２００万人が1億人になるだろう。食生活の西洋化はますます進む。牛乳関連業界の発展は間違いないと考えられる。他方、教訓②によれば、ハノイミルクはややマニアックな銘柄である。この点が気になる。

このハノイミルクの株式配当が２００６年4月にあった。配当性向は25％であった。配当金を受け取るまで持続保有することは、日本でも普通の事例である。

教訓③：未公開株式の購入では、配当予定にも十分に配慮する。配当後の値下がりが予想されるが、ベトナム株式市場の全体的な右肩上がりの動向を考えれば、この値下がり時は「買い」である。

このような未公開株式の売買情報は、現在は証券会社によって行われている。ただし、証券会社の中にはこういった情報提供のコスト・パーフォーマンスが悪いために、未公開株の取り扱いを中止する会社もある。未上場株式を集中して売買する公式市場がハノイで設立される予定であるが、それは２００６年に国会で成立した証券取引法の施行状況を見なければならない。

このハノイミルクの株式公開の「幹事証券会社」はベトコンバンク証券である。そこで当面、多様な未上場株を購入するためには、それに対応した複数の幹事証券会社との取引と友好関係をもたなければならない。

教訓④：複数の証券会社との取引実績をもって、多様な情報収集のルートをもつ。その延長上で未上場株式の売買の情報を提供してもらう。

ただし個人投資家の場合、複数の証券会社との取り引きは口座維持料の負担が大きくなる。証券会社の系列でない独立系投資ファンドを利用する場合なら、この教訓④は効果的である。

ハノイミルク上場時には、株式10分割が予定されている。つまり1株＝10万ドンの株式が1株＝1万ドン・10株に転換される。このことで1株の株価が下がり、より多数の買い注文が期待される。その結果、株価は上昇する。ライブドア事件の株価つり上げの手法と同じ趣旨である。しかしそれ自体は日本でもベトナムでも合法であり、まったく問題ない。そこから次の教訓⑤が導出される。

教訓⑤：ベトナムでも株式分割が可能であることを考慮すれば、額面10万ドンの株式購入が望ましい。将来の株式分割にともなう値上がりが期待できるからである。

株式投資において様々な情報は不可欠である。たとえば、「ＢＲＩＣｓの株式投資がいいですよ」と証券会社の営業担当者がいえば、その勧めに応じて投資する。しかし、ブラジルやインドのことは何も知らない。このような投資家が多いのではないか。そういう投資家は、お金が儲かればよいと思っているが、意外と損をしている。かなり高い手数料や成功報酬を支払っているからである。自分で勉強して自分で投資する。自己責任が株式投資の大原則である。

教訓⑥：ベトナム株式・経済の最新情報は、日本語でも入手可能である。それらを読んで、ベトナム

全体の動向を把握する。自分で情報を収集する。自分で口座を開設する。自分で投資ファンドを選択する。自己責任の原則を忘れない。

さらに未上場株式の株式取得は、外国人には一般に困難であるが、高収益が期待できる。その方法を模索すべきであろう。ハイリスク・ハイリターンの醍醐味をベトナム未上場株式で楽しみたい。そのためにどうすればよいか。最後の実践投資戦略で紹介しよう。

教訓⑦：ベトナム未上場株の取得は魅力的である。有力な国有企業の株式会社化（＝株式売り出し）が連続して待機している。これを取得するための情報に敏感になる。機会を逃さない。

たとえば、ＴＥＣＨＯＭ ＢＡＮＫは、すでにイギリスを拠点とする世界大手の金融グループＨＳＢＣ銀行が株式10％を所有している。ベトナム国家銀行（中央銀行）は、ベトナムの銀行経営を強化するために、外国銀行の株式所有比率の上限を10％から20％に引き上げるように政府に要望している。ただし、外国人株式所有の上限は49％である。この要望が認められれば、ＨＳＢＣグループ参加の香港上海銀行を含めた外国銀行が同行の株式を購入し、株価上昇が期待できる。

ベトナム株式の額面価格は、全部で次の5種類である。①1万ドン、②10万ドン、③100万ドン、④500万ドン、⑤1000万ドン。たとえば、上記のＴＥＣＨＯＭ ＢＡＮＫの額面価格は1株当たり500万ドン（約3万5000円）である。ベトナムの最高額面価格は約7万円。このような高額の株式が発行される理由は、その投資家を法人・高額所得者・機関投資家に限定したいからだと推察される。そうであるとすれば、発行企業が安定株主を期待している。この場合、こういった高額株式の売買は低調といえるかもしれない。したがって、値上がりの期待は低くなる。他方、高額の額面であるほど株式分割の機会は多くなるから、株価上昇の機会も多くなる。果たして、どちらが妥当な見解だろうか。

楽観的な予想では、上記のような高額株式は、新株発行以降も株式発行が何回か繰り返され、そのたびごとに株価が上昇する。上昇が見込めない場合は、株価上昇のために株式が分割される。そして、上場時には一般株主が購入しやすい株価に落ち着くと考えられる。このような推理が楽しめるのも、新興国ベトナムの株式投資だからである。

3つの実践的投資戦略

以上、ベトナム株式市場について、いくつかの観点から紹介してきた。そこで最後に、どのように投資すればよいのか。具体的な投資戦略を3つ紹介しよう。

(1) 投資戦略A

VDFや「民営化ファンド」など、日本人向けの投資ファンドの募集に応じる。資金を公募・媒介するので、一般投資家を保護する趣旨でリスク開示は詳細であるが、それほど深刻に考える必要はない。ベトナムを「虫の眼」で見ると欠点やリスクが多々あるが、それを「鳥の眼」で見れば、ベトナム経済の長期的な成長が魅力になる。資産分散の対象としてハイリスク・ハイリターンの高収益商品とみなされる。一般の人々に推奨する投資戦略である。

(2) 投資戦略B

ベトナムの証券会社に個人で口座開設して、ベトナム個別銘柄を売買する。自分で納得して上場株式を売買しなければ気がすまない投資家にお勧めである。IPO株式の取得や未上場株の売買は、現地在住なら可能かもしれないが、日本からのEメールや電話の連絡だけではむずかしいだろう。ベトナム人と代理人契約を結ぶことも可能だが、上場株式の売買・日本送金はできるが、未上場株式の日本送金はできない。店頭市場が未整備だからである。個人での口座開設料や口座維持費用も少なからず必要である。小規模な市場であるために株価の乱高下が激しく、結局は長期持続となるが、そうなれば口座維持費用は固定費であるから割高になる。

(3)投資戦略C

小規模投資事業組合やLLPなど私募の投資ファンドやベンチャーファンドに参加する。高利回りが期待できるIPO株式・未上場株式に重点的に投資する。投資効率を優先し、大量資金を集めない。ベトナム好きの人々が「ドン建て投資ファンド」を設立してもよい。こういった資金の投資・日本送金をベトナムの証券管理会社に委託する。この戦略の問題点は、私募の投資ファンドのために自らが組合に参加しなければならないことである。さらに、納税は雑所得として確定申告しなければならない。投資戦略Aのように高い手数料や成功報酬を支払う必要はないので、最も高収益が期待できる。ただし、ベトナム人の信頼できる窓口となる人物が必要であろう。これが最大のハードルである。

コラム

【ベトナム進出を成功させる法律アドバイス】

日本企業がベトナム進出を成功させる秘訣。それはふたつある。

ひとつ目は、〝ベトナムという未知の国でビジネスを成功させてやろう〟という熱いベンチャー精神だ。ビジネスに限らず、ひとつのことをやり遂げ、成功を収めるためには、そのことに対する覚悟と熱い意志が必要なのはいうまでもない。

しかし実際には、情熱だけでうまくいくほど、世の中は甘くはないのも現実である。ましてや日本ではなく、そこはビジネスでの経験がまったくないベトナムである。

そこで、ふたつ目の秘訣。それは、〝法律関係の下調べをしっかり行っておくこと〟である。「周りが進出して成功しているからうちの会社も大丈夫だろう」と安易にベトナムへ投資し、見事に失敗する中小企業が多いように、いかに事前の情報収集が大切であるかがわかる。

ここでは、2006年7月1日に施行された「共通投資法」「統一企業法」の解説、日本企業がベトナムへ進出する際の法的なアドバイスを中心に進めていきたい。話をうかがったのは、ベトナムに拠点を置く弁護士事務所「VILAF社」。同社は、日本企業に向けたベトナム進出支援や進出後に発生する法的な問題や経営に関するアドバイスなど、ベトナムビジネスに関するあらゆる問題解決を手がけている。

新法の施行でビジネスチャンスも増大
ベトナムをよく理解し、市場開拓に注力せよ

2006年7月1日に施行された「共通投資法」と「統一企業法」は、ベトナムが国際化を推進するうえでの新たな法体系である。これまでのベトナムの法体系は、「外資系企業」「国内民間企業」「国内国営企業」の3区分に分けられ、それぞれの区分に対して異なる投資規制が存在していた。

とくに外資系企業の投資に関しては、「外国投資法」によって、ベトナム国内企業（国内民間企業・国営企業）に比べて非常に厳しい規定が設けられていたのである。しかし、ベトナムの国際化に向け外資系企業の誘致を推進するためには、外資系企業とベトナム国内企業との法律の格差をなくさなければならない。そこで、外資系企業とベトナム国内企業を同じステージに乗せた「共通投資法」と「統一企業法」が施行されたのである。

「共通投資法」では、外資系企業とベトナム国内企業の双方に共通した投資規定が設けられている。投資形態や手続き、優遇制度など、外資系企業とベトナム国内企業が、共通の法律の下で投資が行えるようになったのである。変更ポイントの一例としては「投資家の知的所有権の保護」「会社・支店との合併、あるいは当該会社・支店の回収（M&A）が可能」「製造製品の数量および金額の制限が廃止」「海外で購入可能な原材料の制限が廃止」など。

ただ実際には、投資内容に関して、外資系企業にのみ規制が残る場合もあるようである。たとえば貿易や教育事業に関しては、外資系企業だけの規制が存在する。すべての投資に関して、外資系企業がベトナム国内企業と同じ土俵に上がったというわけではないようである。

また「共通投資法」では、ビジネスライセンスの申請方法が変更になっている。外資系企業がビジネスライセンス取得時に申請した業務内容と異なる事業を展開する際は、新会社設立とみなされ、新たにビジネスライセンスを申請する必要があった。それが共通投資法では、ビジネスライセンスを取得した際と異なる業務を開始しても、ビジネスライセンスを申請しなくてもよくなったのである。その代わりに、プロジェクトライセンスを新たに取得する必要が生じている。

これまではなかったプロジェクトライセンス（ＰＬ）が新たに発行されることになった。たとえば、工場を新設する場合、拠点設立（支店設立）のビジネスライセンス（ＢＬ）の他に、その工場で行う事業のＰＬも新たに取得しなければならなくなったのである。企業が行う事業ごとにライセンスが必要になったという点も、「共通投資法」の大きな変更ポイントである。なお、投資優遇措置は、これまでと大きな変更はない。いままで通り、業種によって免税内容は異なる。

最近、文部省内を含め、教育関連の政府人事が大幅に変更になったようである。ベトナムは人口の約65％が30歳未満と、若い世代が圧倒的に多い国である。ベトナムの今後の繁栄は、若い世代にかかっている。そのためにも教育制度の根本的な見直しが必須なのである。これから、教育分野に大きな動きがあるとＶＩＬＡＦ社の弁護士は語る。

「統一企業法」では、ベトナム国内における企業経営に関する規定がなされている。企業の設立や経営、決算、精算などを規定し、より資本主義国家の会社法や商法に近づいた法律となったようである。経営形態に関して、これまでは有限会社の設立だけに限られていたが、今後は株式会社、合名会社、私企業から選択できるようになった。さらに以前は取締役の任命や解任、変更、企業規約や労働規約などを変更する際は、取締役会の全員一致による決議が必須であった。しかし、今後は75％以上の株を保有している株主であれば、会社の経営に関するさまざまな事項の決裁が可能になったのである。また、ベトナム国内企業と合弁会社を設立する際の外資系企業の出資比率制限（30％以上）が廃止になったのも大きな変更ポイントのひとつである。

ベトナムでビジネスを成功させる秘訣

ベトナム進出支援を数多くこなすＶＩＬＡＦ社に、日本企業がベトナムでビジネスを成功させる秘訣をうかがった。そのポイントは５つ。

(1)ベトナム人の考え方、習慣、文化を理解し、人的マネジメントを効果的に行うこと。
(2)ベトナムの市場を理解し、効率的に開拓すること。
(3)臨機応変に問題を解決していくこと。
(4)優秀なベトナム人を採用すること。
(5)（日本人は）英語を勉強しておくこと。

まず(1)に関しては、ベトナム人は日本人とは異なり、同じ会社で長く働こうという人は少ないようである。よりよい職場環境や報酬を求め、見つかればすぐ転職してしまうという。また、ベトナム人は勤勉だが自尊心も強いとのこと。むやみやたらに人前で注意すると逆効果になることも多い。日本側はその点を考慮して、効果的に人的マネジメントを行っていく必要がある。また、コンプライアンスに関する意識が高くないので、企業内部の不正なども起こりえる。よってルールを遵守するといった認識を日々の教育によって築き上げていくことも大切であるという。

(2)、(4)に関しては、ベトナム人を効率的に動かして、市場開拓を進めていくことがポイントであるという。ベトナムの国内市場は、ビジネスにおけるニーズやチャンスは非常に多いが、採用したベトナム人の人脈も重要なカギを握っている。たとえ日本企業の経営陣が優れていたとしても、ベトナムは未知の国。「郷に入れば郷にしたがえ」ではないが、ベトナムの市場にはベトナムならではの感性や売れ筋、方法論が存在する。さらに押さえておくべきキーマンも、ベトナム人でなければわからない面もあるだろう。そのとき、技術力はもちろん、市場を見る目や人脈構築に長けた優秀なベトナム人を採用し、効率的に動いてもらえば、的を射た市場開拓も可能になるのである。外国で人気のあるものを、ベトナムで商売すれば成功しやすいともいえる。しかし、外国のやり方や方法論をそのままベトナムに持ち込むだけでは、市場開拓はむずかしいのである。

またベトナム人には、ビジネスに対する特有の認識があり、外国の商売の常識が通用しないことも多い。たとえば、フォー（ベトナムうどん）の店を開く場合。日本の経営で考えれば、安全衛生が一定の水準に達していることが求められるのはいうまでもない。しかし、ベトナムでは衛生面に対してそれほど気を遣わないようである。製造業でいえば、品質管理と似ているのかもしれない。要は衛生や品質に対して、それらの管理をよりハイレベルにしようという認識自体がまだ高くないのである。これについては日頃から根気よく意識づけを行っていく以外に方法はない。

(3)に関しては、ベトナムでは、スムーズに物事が進むと思っていたら大間違いである。常にトラブルが起こることを想定し、何が起こったとしても臨機応変に対応していかないと、物事は前には進んでいかない。

(5)に関しては、とくに日本人にいえることである。VILAF社で以前こんなことがあったようだ。ある日本人の顧客が相談に来たが話が通じず、結局、椅子に座っているだけで何も話ができなかったという。世界の共通言語は英語である。それはベトナムでも変わらない。この例は、ベトナムをはじめ海外でビジネスを行おうと思ったら、英語を身につけるか、それができなければ通訳を雇うなどの対策を講じる必要があるとの教訓である。

最終的にビジネスを成功に導くのは「人」であることは間違いない。ベトナムでビジネスをはじめる熱い情熱を持ち、法体系の事前収集をしっかり行う。そして、無事進出を果たしたら、あとは優秀なベトナム人スタッフをビジネスパートナーとして迎え、ともに協力しながらベトナム市場を努力して開拓していく。その地道な積み重ねが実をむすび、やがて大きな成果へつながるのである。

弁護士事務所ＶＩＬＡＦ社

ベトナム進出に関することは、ベトナム現地の弁護士に聴け！
ホーチミン市にオフィスを構え、
さまざまな法律相談等に対応し企業を支援

【会社データ】

社名　ＶＩＬＡＦ－ＨＯＮＧ ＤＵＣ
（ＶＩＥＴＮＡＭ ＩＮＴＥＲＮＡＴＩＯＮＡＬ ＬＡＷ ＦＩＲＭ）

所在地　ホーチミン事務所：Metropolitan Bldg、Suite 901、235 Dong Khoi
ハノイ事務所：HCO Bldg, Suite 603、44B Ly Thuong Kiet

設立　１９９３年7月２０日

代表者　ホーチミン事務所の代表者： Ngo Thanh Tung
ハノイ事務所の代表者　：Tran Anh Duc

従業員数　40名

事業内容　投資顧問サービス、資本関連顧問、知的財産権保護等

ＶＩＬＡＦ社は、ベトナムのホーチミン市にオフィスを構える弁護士事務所である。日本企業はもちろん、ベトナムへ進出している外資系企業に対し、プロジェクトの財政支援、知的財産権保護、インフラ基盤整備に関するプロジェクト支援、貿易ビジネス支援など幅広く事業を展開している。

日本企業に向けたベトナム進出支援に焦点を当ててみても、進出時にわき起こるあらゆる法的な問題に関するコンサルティングを行っている。具体的には、最適な投資形態の提案や事業ライセンス契約の相談、ビジネスライセンス取得に関する必要書類の作成支援、投資局への手続代行など。進出時の問題は、およそ何でも対応してくれる心強い弁護士軍団である。最近では、ある国との間でエビの輸出に関する訴訟問題を引き受けるなど、貿易ビジネスの案件が増えてきているようだ。

さらにＶＩＬＡＦ社は、ベトナムの交通署と環境資源省の顧問でもある。政府からの法律相談も任されるなど、国からも信頼される弁護士事務所として、ＶＩＬＡＦ社がいまベトナムで注目を集めている。

第5章　まずは己を知り、ベトナムを知れ。投資、参入の成功は情報武装から

ベトナム株式投資についてやや詳細に前章で紹介したが、それは日本からベトナムに投資することが想定されているからだ。すでにベトナム進出している企業や、これから進出を検討している企業は自社の株式上場を計画すればよいし、さらにベトナム在住の個人もしくは法人としてベトナム株式に投資すればよい。

このようにいうと、「本業を忘れるな」というご批判を受けるかもしれない。もちろん本業を忘れて株式投資せよといっているのではない。ベトナムにおける生産・貿易と株式投資を統合化することで、ベトナムで新しいビジネスチャンスが生まれる。ベトナムにおいて直接投資だけでなく、間接投資の経路が開かれたことで、ベトナム投資の魅力が倍増したと考えることができる。

本章では、どのように投資を進めていったらよいのか、具体的な取り組み方のほか、ベトナム人を信用する時の留意点、ベトナム企業とのつき合い方などを紹介していこう。

変化する環境に柔軟に対応できる迅速な意思決定がカギ

ベトナム株式投資についてこれまで述べてきたが、大企業ではむずかしい案件といえるだろう。海外現地法人の株式投資は社内監査で厳しくチェックされる。株式投資にはリスクがともなうし、ベトナムだけ特別扱いもできないからだ。さらにベトナム株式市場は、大企業が投資するほどにいまだ成長していない。それだからこそ、中小企業にチャンスがある。すでに説明したように、ベトナム株式投資の妙味は私募の投資ファンドである。私募だから自由度があり、しかもファンドだから「規模の利益」を享受できる。この投資ファンドを現地生産にともなう貿易金融と組み合わせれば、ベトナム資金の運用方法が多様化する。このような局面が訪れるとは、2005年までのベトナムの企業経営では想像できなかった。

このようにベトナムを含めた途上国のビジネス環境は急速に変化する。こういった変化に柔軟に対応する迅速な意思決定は、中小企業にとって最大の競争優位性だ。中小企業経営者の決断がすべてを決める。これを実行しないでは大企業と差別化できない。では、そのために何が必要か。答えはひとつ。的確な情報だ。そのために独自に情報収集する心構えが必要だ。自分だけの情報収集のルートをもつのもよいが、それだけでなく同じ新聞報道があっても、その意味を自分なりに解釈できる。こういった情報の分析力が外国ではとくに役に立つ。ベトナムでも同様である。

日本でもベトナムでも株式市場の動向は、経済社会のすべてを反映している。株式投資によって情報に敏感にならざるをえない。だたし、私は日々の「デイトレード」を勧めているのではない。何度もいうが、ベトナム株式投資の魅力は私募の投資ファンドなのだ。その運用実績のレポートを読んで、ベトナム経済全体の動きを把握しておけばよい。では次に、どのような情報が必要か。どのように情報を収集するか。その情報をどのように分析するのか。ベトナム進出を検討している中小企業を想定して紹介・検討してみよう。

まず日本国内でベトナム情報を集め、「不易流行」を認識する

東京・大阪をはじめとして「ベトナム投資セミナー」が盛況である。たとえば、2005年3月24日に大阪で「ベトナム経済講演会」、神戸で「インドシナ開発の進展と国際物流の変化」というセミナーが同時開催された。両方の講師や司会は、JETRO（ジェトロ：日本貿易振興機構）ハノイ・センターの前所長と前々所長であった。このようにベトナム情報となれば、公的機関としてジェトロに相談するのが第一歩である。ベトナム訪問時に私も必ずハノイとホーチミン市のジェトロセンターで話を伺うようにしている。ジェトロに相談をするために事前に手続きが必要であるから、詳細はホームページを参照してほしい（http://www.jetro.go.jp/indexj.html）。

ジェトロは経済産業省傘下の独立法人だから、「どうも敷居が高い」と感じる経営者もおられることだろう。しかし、これは誤解であって、ベトナムでの企業訪問や通訳の手配までジェトロは親身に対応してくれる。費用も実費程度である。ただし、公的機関であるから、各企業の内部にまで深く関与する

ことは一般に避けているようである。また、長くても5～6年の駐在で現地担当者は交代となる。創業当時お世話になったあの人はインドネシアに勤務というようなことにもなる。

ジェトロの次となれば、東京ではベトナム経済研究所（http://www.oeri.co.jp/）や、大阪では日越経済交流センター（http://www.j-veec.jp/）などに相談する。いわゆる「第1次ベトナム投資ブーム」以前からベトナムに関係してきた人々が設立した団体であり、ベトナム国内における人脈は広く深い。さらに、最近ではベトナム投資コンサルティング会社が多数存在している。これらは一般に「第1次ブーム」の時に小さな事務所から出発し、今では大きな建物に移転した会社である。現地企業の紹介や通訳の手配、申請手続きなどフルサービスで対応してくれる。当然、民間企業であるから、それ相応のコンサルティング料を支払わなければならない。

また、インターネット経由でベトナムの各種新聞の翻訳を配信する会社がある。毎日「ベトナム・ニュース」を発行しているベトナム人経営のＦＵＪＩＮＥＴ社は老舗である。そのほかにＨＯＴＮＡＭ社やＮＮＡ社も同様のサービスを提供している。

公的機関を利用したい人は、東京のベトナム大使館や大阪のベトナム総領事館を訪問し、ベトナム人商務担当者に相談する。両館には、事前に電話して面会の約束をする。大使館にも総領事館にも日本語ができるベトナム人がいるから、堂々と日本語で押し通せばよい。もっとも少なくとも英語でも商談できることが望ましい。ベトナム人も外国語として英語を話しているのだから、こちらも遠慮しないで自分流の英語を話せばよい。日本語とベトナム語の通訳を仲介する会話よりも、英語で直接話すほうが気持ちは伝わる。

以上のほかに、「産学協同研究」のように大学教員に相談する方法もある。東京外国語大学と大阪外国語大学にはベトナム語専門の先生がおられるし、そのほかの大学や研究機関にもベトナム研究者がいる。これらの先生に会えば、いろいろな人々を紹介してもらえることがある。コンサルティング会社や実務家と違った観点のベトナム情報は傾聴に値する（かもしれない）。

もちろん日本国内のベトナム情報源の本流は、本書を含めた多数のベトナム投資ガイド本である。さらに、ホームページやブログに多数のベトナム情報がある。しかし、これらの取捨選択はむずかしい。自分の体験に基づいた情報、伝聞の情報、資料や著書に基づいた情報、日本人からの情報、ベトナム人からの情報。それぞれに価値があり、それらの情報に優劣をつけられない。

ただし、注意すべきことは、情報の「不易流行」を区別して認識することである。たとえば、「ベトナムは賄賂で大変だ。空港でもお金をせびられる」という話があるが、それは何年前の話だろうか。現在は皆無である。確かに「昔はこうだった」という話は興味深いが、「だからどうしたの？」という質問を返したくなる。ベトナムの「流行」の情報だけでなく、その中から「不易」の情報が抽出・把握されなければならない。

とくにベトナムのような社会主義を志向する途上国では、日々の「流行」に眼を奪われては、大きな潮流を見逃す懸念がある。少なくともベトナム政府は、そういった長期的な社会経済動向を読みながら、自国を政策運営していると考えられるからである。このような意味で、「不易流行」を兼ね備えた情報源の分析が貴重なのである。

とりあえず行ってみる！　ベトナムを五感で検証する

このような情報源を見極めるためには、やはり自分でベトナムを五感で体験するしかない。自分で判断できる具体的な材料が必要である。最近では、ベトナム視察旅行などで現地訪問する機会もある。こういった視察旅行は日程の都合で時間の制約があり、本当に質問したいことが質問できない場合が多い。やや欲求不満が残ることもある。しかし、とりあえず初めてベトナムを見るという人には、単なる観光旅行ではないのでお勧めである。

団体の視察旅行では、現地を再訪問するつもりで必要な名刺を集めたり、通訳者の連絡先を聞いたりしておく。「通り過ぎる」と「再訪する」とでは、ベトナムを見る眼が異なる。空港のチェックイン、ホテルの環境、レストランなど「再訪」を前提にして情報収集する。一方、「1週間程度の訪問で何がわかる」という意見もある。しかし、多くのジャーナリストは短期の取材で専門家のような記事や著書を書いている。

このほか、10年近くベトナムに滞在している日本人に対して、「今こそ株式投資の時ですよ」と私が強調しても、「そんなバカな」という反応の人もいる。情報収集の内容や精度は、その人の情報に対する感性・感度・観点に依存する。ベトナムに長く滞在しているからといって、情報が豊富というわけではない。たとえば、私は日本に長く住んでずっと日本人をやっているが、いまだに日本のことは不可解である。かえって日本よりベトナムのほうが理解できるような気がする。その理由は常時、ベトナムに関心を払っているからだと思う。研究者の世界では「問題意識が重要だ」と指摘される。頭の片隅に問題を常備しておく。そうすると、何かの契機で答えのヒントが見つかったりする。これはビジネスでも同様であろう。

ビジネスの基本は、ヒトとヒトの交流である。モノやカネが勝手に移動するのではない。この原点に戻って考えれば、ベトナム人を理解することがベトナムのビジネスを理解することになる。ベトナム情報を収集するために、積極的にベトナム人とつき合うことが大切である。一緒に食事したり、ビールを飲んだりするのは、ベトナム人も大好きである。最初はこちらがおごるのだが、親しくなると最近ではベトナム人がおごってくれたりする。ベトナム人も生活に余裕が出てきたのである。とはいえ、食事などの支払いは、最初に誘ったほうが負担するのが原則である。

すでに第2章で指摘したように、ベトナム人は外国人に親切だし、とくに日本人との親和度が高い。さらに東京人であっても、ベトナムでは関西人に変身する。こういう努力をすれば、ベトナムで人気者である。人気者には貴重な情報も入ってくる。この意味で、関西の企業経営者はもっとベトナムに注目してよい。東京人よりも優位性をもっているからである。私見では、多くの関西人は外国に出ると、無理に東京人に変身している。外国ということで気取ってしまうのかもしれない。ベトナムでは、関西人のままでよいのである。

ベトナムのことはベトナム人に。しかし、どこまで信用できるか？

ベトナム投資のために自分で情報収集して、さらに様々な人々から意見をもらった。そして、新しいビジネスの輪郭が見えてきた。ベトナム側のパートナーも限定されてきた。いよいよ特定のベトナム人とつき合うことになる。ビジネス相手だ。一緒に食事もした。お互いに冗談を言い合って盛り上がった。このベトナム人は信用できる。よし、投資しよう。しかし、本当にベトナム人を信用して大丈夫なのか？

ベトナムで日本人がだまされという話を何度か聞く。自分のオフィスに普通に出勤したら、パソコンから事務用品まですべてが持ち逃げされていた。愛人のベトナム人女性名義でアパートを買って、そこで老後を過ごそうと思っていたら、その資金を持ち逃げされた。ベトナム人男性からお金を要求されて拒否できない日本人女性がいる。色恋い話とビジネスが結びついて、その結果が金銭トラブルになる。

こんな話を聞くと、本当にベトナムでビジネスができるのか心配になってくる。ベトナムに限らず、ビジネスは信用が大切だといわれている。では、信用とは何であろうか。信用できる人間と信用できない人間の違いは何か。通常、ビジネスでは信用を前提に成り立っているといっても、やはり初対面では信用できない。そこで契約書を書く。お互いに契約書を遵守するという信頼関係のもとでビジネスが行われる。いくら契約書を交わしたからといっても、次の懸念は相手が逃げることである。たとえば、100億円の取引契約をして、その100億円を相手が持ち逃げしないかという問題である。持ち逃げしないという前提で契約するが、この持ち逃げを心配すれば、もともとの契約内容が煩雑になる。

ある日本人経営者が、次のように述べていた。

「中国で日本企業はよくだまされるが、韓国企業はそれほどでもない。その理由は、日本企業の経営者が中国人を信用するからだ。韓国企業の場合、韓国人も中国人もお互いに信用していない。だから失敗は少ない」

「私は君を信用していない。君も私を信用する必要はない。しかし、お互いの利益のために仕事したい。そこで、厳密な契約書を相互に納得するまで作成しましょう」

このようなビジネスの進め方は、リスクを低減させるために当然のことである。双方が納得するまで契約書に条件を書き入れる。信用できる人間、しかも信用できる外国人の見分け方はむずかしい。結局は上記のような詳細で、厳密な契約書の作成以外にだまされないための方法はない。ただし、このような契約書があるからといっても安心できない。相手が逃げれば終わりである。やはり最後は相互の信頼関係の醸成が基本である。

ベトナム投資成功のために。ベトナムで「夢」を実現する!

ホーチミン市在住のアクシス社の服部津根雄社長から、ビジネスで良好な関係をベトナム人と保持するためには、第1にそのベトナム人家族と一緒に食事する、第2に常に新しい仕事や情報、顧客を提供・紹介することが大切だと指摘された。これはすべての国際ビジネスに通用すること。取引相手の信用度について、日本では信用調査会社に依頼したり、周囲の「噂」を聞いたり、お互い日本人ということで自らの「直感」で判断できたりする。しかし、これらは外国人には通用しないと考えるべきである。

非常に信用できるベトナム人がいたとしても、その妻または夫が「派手好き」とか「遊び好き」というのでは、彼または彼女に大金を預けるのは要注意である。これは日本でも同様である。日本では仕事と家族を区別する場合も多いが、外国では積極的にパートナーの家族とつき合うべきである。私の経験でも、ベトナム人の家を訪問して、子どもたちとの幸せな家庭の雰囲気が感じられたとき、そのベトナム人が不正を働いて家族と逃亡するというような状況は想像できない。

また、日本人ビジネスパーソンの場合でも、一緒に家族で食事して、意外に奥さんが「派手好き」であったり、逆に「地味」であったりする。派手好きの奥さんをもった夫がすべて不正をするとは通常は考えられないが、ビジネスの重大局面において相手を信用するかしないかという場合は、そういうことも念頭に入れておくことも必要であると思う。

外国人とのビジネスのパーティーでは、夫婦一緒という場合も多い。また、自宅でパーティーを開催することもある。これも、自分の「分身」である妻または夫を紹介することで、自分に対する信用度を上げるという効果があるのかもしれない。外国人の取引相手とは家族ぐるみで食事をする。そのことで、友好と親密度を高めることができるし、相手の信用度を測ることにもなる。

さらに服部社長は、ベトナム人と契約してお金を振り込んだら、それで急にベトナム人の態度が変わることがあると指摘された。契約後も良好な関係を維持するためには、その後も日本から注文や顧客を紹介するなど、ベトナム企業の利益に貢献する。日本企業が欠ければ、その後のビジネスが成立しないようにしておけば、契約後も日本企業は大切にしてもらえる。

契約して、きちっとお金を払っているからといって安心できない。ベトナム企業にとって日本企業が常に利用価値があるようにしなければ、相手の対応も悪くなる。ベトナム企業はさらなる自社の成長を望んでいるのだから、そのように日本企業も対応する。注文を増やす。技術指導する。別の顧客を紹介する。日本企業とつき合っていて利益があると思わせないと、次第にベトナム企業の気持ちは離れていく。そこで当然、製品の品質も悪くなる。品質が悪くなったからといって、また別の企業と契約する。しかし、同じ対応をしていれば、同じ問題が再び発生する。

以上、ベトナム人を信用する時の留意点、ベトナム企業とのつき合い方を指摘した。ビジネスは信頼関係が重要だというのは簡単である。しかし、たとえば全財産を外国人に預けて、人生最大の勝負という取り引きにおいて本当に相手を信用できるのか。このようなギリギリの判断が、ビジネスさらに人生の醍醐味といえるのかもしれない。その後の成功は、大きな満足感を提供してくれる。日本の社会経済の将来が不透明な今日、なかなか個人も企業も将来の「夢」を描きにくくなっている。ベトナムの成長・発展と共に自分も成長・発展する。ベトナムは、このような「夢」を見させてくれる国である。

本書の後半は、ベトナムに進出している日本企業などの実例が紹介されている。それぞれの企業の「夢」の実現過程が描写されているといっても過言ではない。このような「夢」を見させてくれるベトナムとベトナム人に私は心から感謝したい。

企業事例集

それではここで、実際にベトナムに進出している日本企業の現地法人のほか、ベトナム企業と取引実績の高い日本企業、ベトナム進出をサポートする企業を紹介していこう。事業展開のきっかけ、業務をスムーズに進めるためのむずかしさやコツなど、ベトナムビジネスに取り組むうえで有効なアドバイスとなることだろう。

＜コンテンツ＞

ケーススタディ①

エースコックベトナム

販売開始と同時に爆発的なヒットを飛ばす。人気商品の即席ラーメン「ハオ ハオ シリーズ」。写真右上は、エースコックベトナム本社とホーチミン工場

【会社データ】

社名	ACECOOK-VIETNAM COMPANY LIMITED 略称：VINA-ACECOOK（ビナエースコック）
所在地	Lot Ⅱ－3street No11,TanBihn Industrial Zone TayThanh Ward,TanPhuDis,HCMC
資本金	1200万ドル（USドル）
設立	1993年12月15日 (2004年2月、エースコックベトナムに社名変更)
出資者	エースコック株式会社　98.2% 丸紅株式会社　1.8%
代表者	会長　村岡　寛（エースコック株式会社 社長） 社長　浪江章一（エースコック株式会社 海外事業部長） 副社長　Hoang Cao Tri（エースコックベトナム社）
従業員数	３３４８名
事業内容	即席麺、ふりかけの製造販売

中国リスクが高まるなか、安い人件コストと政治・社会的安定を背景に、ベトナムが注目を集めている。製品の輸出に特化した第2の生産拠点として、すでに多くの日本企業がベトナムへの進出を果たしているが、内販市場参入を目指した投資はまだ少ないのが現状だ。エースコックベトナムは、内販市場獲得を視野に入れた企業のなかで、成功を収めている日本企業の1社である。

エースコックベトナムは、１９９３年にエースコック株式会社とベトナム即席麺の大手・ＶＩＦＯＮ社との間で合弁会社「VIFON-ACECOOK CO., LTD」として設立。その後、２００４年に１００％外資へ変更となったのを機に、現在の「エースコックベトナム」に社名変更している。「食文化の向上を通してベトナムの社会の発展に貢献する」を企業理念に、ベトナムの消費者に食の満足を提供し、販売先や仕入先など取引先と共に発展を図り、社員の生活の安定と自己実現を図ることを目標に据えている。

エースコックが日本で築き上げてきた技術に加えて、現地ベトナム人スタッフが自国の味覚を研究して生まれた即席ラーメン「Hao Hao（ハオ ハオ）シリーズ」が、発売と同時に爆発的なヒットを記録。これによってエースコックベトナムは２００１年、ベトナムの即席麺市場において国内シェア・ナンバーワンの地位を築く。

現在エースコックベトナムは、ベトナム国内において「高品質の高級ブランド」と消費者に広く認知され、即席麺のトップメーカーとして業界のリーダー役を担っている。

いまやベトナムで「エースコック」を知らない人はいない「ハオハオ」の爆発的ヒットで、内販市場参入に成功

マーケティング結果を踏まえ、ベトナムの内販市場獲得をねらう

エースコック株式会社がベトナムへ進出したきっかけ、それはベトナムの元国営企業VIFON社から、商社の丸紅を通して合弁会社設立の要請があったことにはじまる。VIFON社はベトナムでの即席麺の大手メーカーで、ベトナムの即席麺市場をさらに活性化させたいとの思いから、最新の技術を持つ日本の即席麺企業との合弁会社設立を企画していた。エースコックにとって、今後少子化などの影響で市場が縮小に向かう日本以外で新たなマーケットを切り開くことは、当然必要なことであると認識していた。

しかし、当時は日本企業がベトナムの内販市場参入を果たした事例は少なかった。当時のベトナムは、1986年にスタートしたドイモイ政策が軌道に乗り、経済が急速に進展を開始した矢先。他のアジア主要国と比べて市場規模があまりにも小さく、内販市場を積極的にねらう企業は限られていたのである。

そこで、エースコックはマーケティングの専門チームを現地に派遣し、ベトナムの即席麺市場の可能性を調査することになった。その結果、ベトナムは若い人口が多く将来市場として有望であることや工

業化への促進が積極的に行われ、海外からの投資環境が非常に改善されつつあったこと、さらにエースコックが日本で築き上げてきたノウハウや技術を有効に活かせる市場であることなど、進出の成功を予見する結果が報告された。

会社設立に関しても、日本企業がベトナム企業と合弁会社を立ち上げる場合、合弁先となるベトナム企業の信用問題や資本の関係など手続きが困難になるケースが多く、100％独資による進出が一般的であった。しかし、ＶＩＦＯＮ社はベトナムの消費者なら誰もが知る大手メーカー。さらに、同社はベトナム全土にすでに販売ルートを確立しており、その販売ルートを活用できることも大きな魅力であった。マーケティングチームによる分析結果の手ごたえ、さらにＶＩＦＯＮ社のベトナムにおけるブランド力と販売網の活用。これら要因を考慮して、エースコックは最終的にベトナムへの進出を決定することになった。

ベトナム人幹部候補生の日本での研修が功を奏す

「言葉や習慣がまったく違う土地で、ゼロからのスタートであったために、社員を育てていくことに相当苦労しました」と、エースコックベトナムの梶原氏は語る。設立当初、ベトナム人幹部候補生については日本での研修を実施し、工場内での技術の習得や中間管理職研修を中心に徹底的に指導した。

また、エースコックベトナムへの設備導入時、操業開始時には日本のエースコックから技術者や管理者をベトナムに呼び寄せ、設備の使い方の説明や作業の手順、注意事項などの教育を実施。これらの研修が功を奏し、操業後の安定稼動につながっている。

「高品質の高級ブランド」をつらぬき通す

「ベトナムでの即席麺市場をレベルアップさせる」。これが、エースコックベトナムがVIFON社と合弁会社を設立した際の共通の思い。よってエースコックベトナムでは、日本と同じ品質レベルの商品を生産し、販売することを目標にした。日本と同等レベルの即席麺をつくるためには、設備や技術はもちろん、よい資材が必要なのはいうまでもない。しかし、操業開始当時はベトナムの基礎産業が十分に発達しておらず、ほぼすべての資材を日本やその他の国から輸入せざるを得ない状況に陥っていた。当然、輸入資材には関税をはじめとするコストが発生する。

たとえば、ベトナム進出の目的が輸出生産拠点を設けるという点に限られているのであれば、資材の輸入税が免税される輸出加工区に工場を設立することで、コストの増加を抑えることも可能だ。しかし、エースコックベトナムはベトナムの内販市場参入が目的なので、工場はローカルエリアに設立し、商品のレベルも高品質を目指している。よって質の高い資材をコストをかけてでも輸入する以外に方法がなかったのである。結果として、輸入コストを商品の販売価格に上乗せするかたちとなった。

当時、ベトナムで売れ筋の即席ラーメンの販売価格は平均すると800ドン、それに対してエースコックベトナムが最初に売り出した商品の価格は2000ドンと、他社普及品に比べて約2・5倍も高い値段で販売を開始することになる。ベトナムの消費者からは「高品質の高級ブランド」として高い評価を受けて知名度は上がったが、価格が高かったのでシェアは伸びず、操業から約5年間は売上げ・利益ともに大変苦労することになる。

しかし、操業後6年が経過するころから、次第に基礎産業の技術や設備も発展をはじめ、他国から輸入していた資材と同じ品質レベルの資材をベトナム国内で調達できるようになる。資材調達を輸入に頼る必要がなくなった。それはつまり、コスト面で非常に大きなメリットが生まれたことになる。ここでエースコックベトナムは、起死回生の新戦略を打ち出すこととなった。

エースコックベトナムでは、ベトナム市場でのシェア獲得戦略として「高品質の高級ブランド商品が半額で買えます」というキャッチフレーズを掲げ、高品質を保ちながらも値段を従来の半額にまで抑えた「ハオ ハオ」という商品を開発、ベトナム国内での販売に踏み切ったのである。そして、この商品が消費者の心を捉え、販売開始と同時に爆発的なヒットを記録することになる。「ハオ ハオ」の人気によって、エースコックベトナムは一気にシェアを伸ばし、2001年にはベトナム国内シェア・ナンバーワンを獲得することになった。

「ハオ ハオ」の開発が可能になった理由としては、まず資材を国内で調達できるようになったことで、輸入税が必要なくなるなど生産コストの大幅なカットが実現した点が挙げられる。さらに、資材の品質自体も輸入品と変わらないものが手に入るので、結果として高品質な商品を低価格でつくることが可能になり、「ハオ ハオ」の実現にいたったのである。操業から10年以上経ったいまでも、「ハオ ハオ」シリーズをはじめエースコックベトナムの商品は圧倒的なブランド力を誇り、継続して高い売上げをキープしている。それも操業後、約5年もの歳月をかけて高品質の商品を苦労して育成し、販売を続けてきた努力の結果、消費者に「エースコックベトナムの商品は、高品質の高級ブランド」として認知されたからにほかならない。

活路が開けた「ベトナムの内販市場」

エースコックベトナムが進出した1993年当時、即席麺はすでにベトナムの消費者に広く普及していた。しかし品質レベルはまだ高くなく、エースコックの技術があれば他のベトナム商品と明確に差別化ができると判断。とくに麺の練り方や油での揚げ方、スープに使用する調味料の配合など、エースコックが築き上げてきた技術を活かせば、よりレベルの高い商品が可能であると見込んだのである。実際に5年もの歳月をかけて築き上げたエースコックベトナムの高品質即席麺は、ベトナムの消費者の高い支持を得て、大きなシェアを獲得するにいたった。これは、日本ではすでに広く一般社会に認知されている「エースコック」というブランドが、海外で受け入れられたという点で大きなメリットである。

エースコックベトナムにとって、このベトナムでの成功は、今後海外マーケットのシェア獲得を目指すうえでも、非常に大きな一歩を踏み出したことになるだろう。そもそも、丸紅を通じてVIFON社との合弁会社設立を提案された際、ベトナムへの進出を踏みとどまっていれば、現在のベトナム内販市場獲得にはいたっていない。日本の技術と品質、そしてベトナムでの販売網をうまく活用することで、日本企業にとってむずかしかったベトナム市場への参入を果たした。これは、今後ベトナム進出を考える日本企業にとって、「ベトナムの内販市場」という新たな活路が見出されたという点でも、日本経済におけるメリットとなり得るのではないだろうか。

エースコックベトナムの企業理念は「食文化を通してベトナムの社会の発展に貢献する」というもの。エースコックベトナムが進出したことで、現地の消費者に「安くて、便利で、しかも健康で安心して食べていただける食」を提供できたことも、ベトナム社会にとっての利点のひとつであるといえる。

また梶原氏は、食品以外の他分野におけるベトナムの内販市場参入の可能性として、次のように述べている。

「第1次産業などに関しては、政府の方針によって積極的な投資が行われ、ベトナムの発展に大きく寄与しているといえます。ただ今後は、主に消費者向けの製造業が発展すると考えています。ベトナムはここ最近、急成長を遂げ、商品（物）の数も増えてきましたが、実際にはまだまだ商品（物）の多様化が十分ではありません。日本にはあって、ベトナムにはないもの。そういった可能性を秘めているのに、いまだ注目されていない市場が多く存在しています」

そう考えてみると、日本では当たり前に存在する商品やサービスが、ベトナムでは見当たらないものも多くある。そういった市場をピンポイントでねらうことで、ベトナムの内販市場を切り開くことも可能であるといえる。

ベトナム人をよく知ることが大切

梶原氏は「ベトナム人は、決められた仕事に対してはまじめに最後までやり遂げます。個人差はあるかもしれないですが、仕事に対する真摯な取り組みは日本人と共通していると感じます」と述べている。しかし、注意すべき点としてあくまでも「決められた仕事」に対してのみ、真剣に仕事に励んでくれるとのこと。ベトナム人はまじめで勤勉、仕事をこつこつと行うところが日本人と似ているといわれている。ただ、ドイモイ政策がスタートして、経済がいくら発展してきているとはいえ、まだビジネスでの経験はそう多くはない。仕事を自らが創意工夫して、新たな価値を生み出すという考え自体がまだしっかりと根づいていないのかもしれない。

また、ベトナム人はプライドが高く、人前で注意されることをあまり良しとしないという。「注意する場合は人前ではなく、別室などで行うほうが賢明です」と梶原氏。やはり日本企業側は、こういったベトナム人の特性をきちんと理解したうえで、ともに働く良きパートナーとして接することが大切である。

カップラーメンの普及、世界マーケットも視野に

現在、ベトナム国内の即席麺市場全体では、売上げの大半が袋ラーメンであり、カップラーメンの売上げはまだ5％にも達していない。しかし、エースコックベトナムでは近い将来、ベトナム経済の発展

とともに消費者のニーズが変化し、カップラーメンの売上構成比が上がってくると予測している。エースコックベトナムは、袋ラーメンにおいては業界トップを保持しているが、カップラーメンでは達成していない。即席麺市場のリーダーとして業界をけん引していくためにも、袋ラーメンとは違う「カップラーメンの新しい付加価値」を創造し、ベトナムの消費者に届けていくのが今後の課題となっている。

また、エースコックベトナムではここ数年、ベトナムでの国内販売が急速に伸びたことで、輸出の額は全体の約10％にとどまっている。今後は、ベトナムで培った高い技術や生産管理ノウハウを活かして、国際レベルで競合他社に打ち勝ち、世界中のマーケットへ向けた輸出の拡大も視野に入れている。

ケーススタディ②

片桐工業所

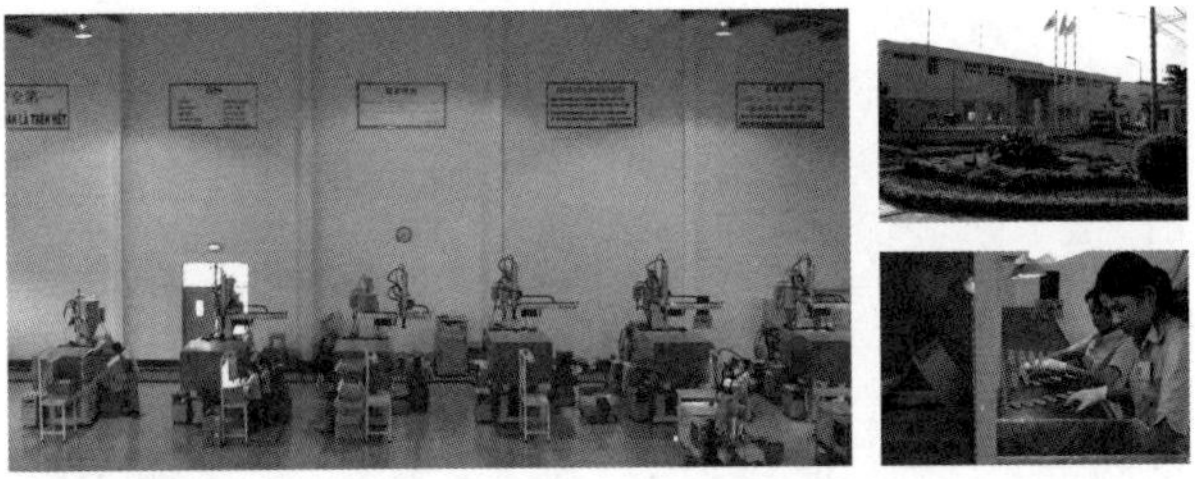

工場内には、日本語とベトナム語で表記した「経営理念」「品質方針」「現場の５Ｓ」「安全意識の向上」の看板を掲げる。品質重視に徹し、顧客に満足される製品提供を目指す

【会社データ】

社　名	KATAGIRI INDUSTRY (VIETNAM) CO.，LTD
所在地	Lots No. 20B, Linh Trung Epxort Processing Zone and Industrial Park III, An Tinh Commune, Trang Bang District, Tay Ninh Province, Vietnam
資本金	60万ドル（ＵＳドル）
設　立	2003年
代表者	片桐照久（GENERAL DIRECTOR）
現地代表者	東 雄二（DEPUTY GENERAL DIRECTOR）
従業員数	45名
事業内容	工業用・家庭用プラスチック製品成形、および加工他、付随する一切の事業、携帯電話部品、デジタルカメラ部品、住宅関連部品

携帯電話やデジタルカメラなどの小型プラスチック射出成形部品メーカーとして、１９７７年に創業を開始した片桐工業所。以来、取引先メーカーの要求に応える高品質部品の製造を通して、信頼と実績を積み重ねてきた。２００３年には、片桐修社長のご子息である片桐照久氏がベトナムを駆け回り、タイニン省のリンチュンⅢ工業団地に工場を設立。日本の品質基準とベトナム生産によるコストメリットを顧客に提供し、順調に稼働を続けている。

片桐工業所は「品質重視に徹し、顧客に満足される製品を提供する」ことを品質方針とし、顧客の視点でものづくりを行っている。２００２年にはＩＳＯ９００１の認証を取得するなど、徹底した品質管理体制を築き上げている。同社の主要部品である「射出成形品」は、携帯電話やデジタルカメラをはじめパチンコや住宅設備、自動車関連まで幅広い業界の製品に対応。その高い品質とコストパフォーマンスは、多くの取引先との信頼を揺るぎないものにしている。

また、片桐工業所では「２色成形品」の製造も請け負っている。通常の成形品ではひとつのシリンダーを用い、１種類の樹脂を成形する。それに対して２色成形品では、ふたつのシリンダーで２種類の樹脂を同時に成形する特殊な技術が必要で、日本国内では扱っている企業は少ないという。これは片桐工業所の大きな強みである。「現在、ベトナムの工場では２色成形品の生産は行っていません。今後はこの技術をベトナムに持ち込み、海外での事業規模拡大を考えています」と、ベトナム工場の代表も務める照久社長は今後の抱負を語る。

ベトナムへの進出は、会社に体力がある今しかないと決断
戦略的な投資が実を結び、新たな受注が舞い込みはじめる

会社に体力があるうちに、経営の新たな一手を

中国、タイ、マレーシア、韓国、台湾、シンガポール、そしてベトナム……。産業のグローバル化にともなって、多くの日本企業がアジア各地への進出を開始した。ベトナムに焦点を当ててみると、1990年代半ばから、松下電器、ソニー、トヨタ、三菱自動車、スズキ、住友電工、味の素、ロッテといった多くの日本企業が、主に南部のホーチミン市を中心に進出を果たしている。しかし、このアジア規模の産業大変革は、なにも日本の大企業だけに関わる話ではない。むしろ日本企業の90％以上を占める中小企業にこそ、大きな影響を与えている。だが、現実は中小企業の多くは体力に乏しく、アジア進出の必要性を痛切に感じながらも、どうにも手をつくせないでいる会社も少なくない。

大阪守口市に本社を置く有限会社片桐工業所は、電気機器メーカーを中心に小型精密成形品を提供する中小企業。アジア進出を考えはじめた当時（2001年）は、業績もよく右肩上がりの成長を続けていた。しかし、いずれこの分野にも海外シフトの流れが必ずやってくるだろうという不安を常に抱いていたという。照久社長は「会社に体力があるうちに、経営的に次の手を打っておく必要があった」と、ア

ジアへ生産拠点を設けたきっかけを語る。

アジア進出を検討しはじめたときには、すでに経営状況が悪化し、身動きがとれない中小企業が多いなかで、片桐工業所は将来の事業展開を視野に入れ、適切な時期に進出に向けた準備を開始している。アジア進出の方針が決定すると、照久社長は中国や東南アジア諸国を駆け回ることになる。何も情報がないなかで、自らの勘と希望だけを頼りに各国の「現場」の視察を繰り返していた。

候補地探しに奔走していたとき、あるきっかけで本社工場にてベトナム人研修生を受け入れることになった。研修生は3年間本社工場で働くことが前提。「石の上にも3年」ということわざがあるが、3年間働けば成形技術の基本であればマスターできる。しかし、せっかく育て上げた人材を手放すくらいならベトナムに工場をつくって、技術者として送り込んではどうかという案が出てきたのである。

さらに、ベトナムに工場を持つ取引先から話を聞いていたことも、ベトナムへの思いを後押しした。照久社長は「中国やタイとは違い、ベトナムは同業種の投資が少なかったことも進出を決断した理由のひとつです。将来、大手日系メーカーのベトナム進出がさら増えることは間違いなく、弊社のような部品メーカーにもビジネスチャンスがあると考えました」と述べている。

いったい誰をベトナムへ送り出すか

進出時の一番の問題。それは、「ベトナム駐在員の人選」であったという。「片桐工業所は社員数が35人程度の会社なので、駐在員の選択に悩みました。1人たりとも余裕のある仕事をしているものはいなかったので、いったい誰を任命するのかが一番の課題でした」と照久社長。立ち上げ準備の苦労を語る。

片桐工業所は、アジア進出の計画段階から投資許可取得までに、約2年を費やしている。駐在員の人選に関しては、この2年という期間を利用し、ベトナムへ送り出す候補スタッフを募集したという。実際に駐在員として採用したスタッフは、ベトナムの企業で管理職として8年間勤務した経験を持つ。管理能力も高く、ベトナム語も堪能と頼もしい存在だ。「採用後は、気心が知れるまで話し合いを行い、十分に分かり合えたうえでベトナム現地に就いてもらいました」と照久社長。

また、技術スタッフに関しては、日本のプラスチック成形工場で働いた経験を持つベトナム人技術者を現地で採用。彼がいたことで、ベトナム現地の市場価格の把握や日本の本社工場との技術的なやりとり、機械の購入など、工場の立ち上げ準備がスムーズに運んだという。管理能力があり、ベトナムに精通した日本人スタッフ。日本で働いた経験のあるベトナム人技術スタッフ。彼らの採用は、〝日本とベトナム〟〝管理と技術〟というふたつを有機的に結びつけることができる理想的な人選である。片桐工業所のベトナム進出の成功は、この人選のすばらしさにあるといっても過言ではない。

進出時の苦労として、ほかに知識の問題が挙げられる。「いち町工場が海外進出を夢見ても、なかなか思うようには進みませんでした」と照久社長は当時を振り返る。先述のように、投資許可取得までに2年間を費やしているが、実際には照久社長が日常業務をこなしながら勉強する毎日であった。ベトナムの外国投資法や労働法の把握、また通関士の資格取得を目指して学校に半年間通った。各種セミナーやＪＥＴＲＯの図書館にも時間があれば足を運び、海外進出への不安要素をひとつずつ取り除いていったのである。これらの積極的な活動は、進出地域の選定から設立準備、操業開始後の運営にいたるまで、非常に役に立ったという。

土地リース代が安く、日本語が通じるリンチュンⅢ工業団地に工場を設立

片桐工業所のベトナム工場は輸出加工が目的であったので、まずは輸出加工区への進出に絞られた。輸出加工区のある工業団地はベトナムには多く存在するが、最終的にタイニン省のリンチュンⅢ工業団地に決定。その理由を照久氏は次の3点であると語る。

まず1点目は、土地リース代の安さ。これはまだ同業者は少ないとはいえ、ベトナム進出の後発組に入る片桐工業所にとってはコストの面からも最重要であったのだ。2点目は、リンチュン工業団地Ⅲは中国・北京の会社であるにも関わらず、日本語を流ちょうに話す営業スタッフがいたこと。まだ右も左もわからない進出当時は、工場管理者とのやりとりも頻繁である。そのとき、日本語で意思疎通ができることは非常に心強い。そして、3点目。リンチュン工業団地Ⅲは、ホーチミン市から約40㎞程度離れているが、カンボジア国境へと続くトランスアジアハイウェイ道路が整備されており、時間軸で考えれば他の工業団地と大差はなかったことである。

これらを考慮してリンチュン工業団地Ⅲに決めたという照久社長は、最後にもう1点付け加えた。「当時タイニン省に日系の会社はなく、前例や他社を真似ることを好まない私の性格も影響したのかもしれません」。他社の事例や意見を鵜呑みにするのではなく、あくまでも自らの意思で物事を主体的に決め

ていく。これは、アジアへ安易に進出し失敗するケースが多いなかで、非常に大切な心得である。

加えて、ベトナムの多くの工業団地では、投資許可認定の手続きをワンストップサービスで提供している。工業団地が進出企業にかわって、投資許可の申請から取得まですべてを行ってくれるのだ。しかし、これには理由がある。工業団地側としては、進出企業が投資許可を取得しないと土地が売れない。だから、進出企業の投資許可取得を代行し、どんどん土地を売却したいのである。外資系企業がどこの工業団地にも入らずに、ローカルエリアに独自に進出することも可能ではある。しかし、輸出加工が目的の進出であれば、これら工業団地へ入り、投資許可取得のワンストップサービスを活用するのが得策だろう。

また、輸出加工区に工場を設立すると、資材や製品の輸出入の関税が無税となる。片桐工業所のベトナム工場の得意先は、約90%が同じく輸出加工区に進出している日本企業。その場合、販売する製品が結果的に輸出されるという前提であれば、片桐工業所が得意先に納品する部品も輸出扱いとなり、関税は無税となる。ちなみにベトナムの一般企業に納品することも可能であるが、その場合は、相手先の企業が輸入税を払う必要がある。

ベトナムへ進出後、新たな仕事が舞い込みはじめた

ベトナムへ進出したことによる金銭的なメリットは、まだそれほど大きくはないという。しかし、片桐工業所がベトナムへ進出した理由は、そもそも利益のみを目的としたものではない。将来の事業拡大を視野に入れた戦略的な投資なのである。

現在、メリットとして実感していることは、海外に製造拠点があることで、非常に幅広い業種の顧客から仕事が入るようになったことだという。多くの日本のメーカーがさらなるコストダウンを達成するため、絶えずアンテナを四方に張って情報収集している。それら企業が片桐工業所のホームページを見て、ベトナムに工場があるのを知り、コストパフォーマンスの高い部品の購入を目的に問い合わせがくるのだという。

これはベトナムの工場設立を機に、新たなビジネスチャンスの獲得を目指す片桐工業所にとって、仕事の幅を広げる意味で非常に大きな一歩である。今後、大手日系企業のベトナム進出が加速することで、片桐工業所のさらなる事業拡大が期待される。

品質を最重要課題に位置づけ、徹底した社員教育を実施

片桐工業所は「品質重視に徹し、顧客に満足される製品を提供する」ことを品質方針とし、多くの取引先の信頼と実績を積み重ねてきた。そんな同社にとって、ベトナム工場での一番の課題は、やはり品質に関してである。

片桐工業所のベトナム工場の取引先は、約90％が日本企業。当然、日本のものづくりの姿勢で品質を管理する必要がある。ホーチミン市では、日本人社会は非常に狭く、品質の悪い会社の情報は一瞬で広がるようだ。ベトナムで操業を開始して間もない片桐工業所は、品質を最重要と位置づけ、社員教育を徹底させているという。また、日本で長年ものづくりに携わってきたスタッフを工場長として現地に派

遣し、技術指導を行っている。「経験豊富な技術者が、現地のベトナム人スタッフに直接指導できるのは、高い品質レベルを追求するうえで非常に有利であると考えています」と照久社長。

このほか、片桐工業所は一風変わった社員教育も実施している。なんと定期テストと実地研修を行っているのだ。定期テストでは、工場長が作成した問題集をベトナム語が堪能な日本人の管理スタッフが翻訳し、現場のベトナム人スタッフ全員を対象に実施。そして、実地研修では、実際に金型を使って部品を成形し、その精度の良し悪しを工場長が厳しくチェックするのである。

それらテストや研修の結果が給料や昇進に響くとあって、ベトナム人スタッフはみんな真剣に取り組んでいるという。これによって、スタッフの技術力と知識レベルの向上が図れると同時に、スタッフの正確な能力の把握にもつながるのである。他にも、日本が築き上げてきた「ものづくりの姿勢」をはじめ、管理方法やＩＳＯ９００１への取り組み、改善活動など、徹底した社員教育をかなりの時間をかけて行っている。

また、日々の業務に関していえば、ベトナム人はワンマンプレーをしがちなので、きっちりと作業指示書と品質検査規格書を作成し、明確な基準を設けることも、常に高い品質を保つうえで重要なことであるという。品質問題に限らず、ベトナムでビジネスを行ううえで心得ておきたいこととして、照久社長は「ベトナムでは、トラブルが起こることを前提に物事を考えないと何も前に進みません」とアドバイスする。

設備面での思わぬ不具合をはじめ、日本では想定しにくいトラブルがベトナムでは当たり前である。

先に何が起こるかを予測し、常に先手を打っておく。これがベトナムでビジネスを円滑に進める秘訣である。

鍋パーティーで、みんなの心をひとつに

「ベトナムでは、私たち日本人は当然外国人です。文化や習慣の違いによる行き違いは常に起こります。だからこそ、ベトナム人スタッフとのコミュニケーションがとても大切で、これを怠ると思いもよらないトラブルに発展する可能性もあります」と照久社長は語る。

片桐工業所のベトナム工場では、社員同士の親和を深めるために、ベトナム人と日本人スタッフを一同に集めて鍋パーティーを開催することがあるという。現地の副社長から現場スタッフまで、みんなが同じ鍋をつつき、ビールを交わしながら将来のビジョンや日々の問題点を腹を割って話し込む。「同じ釜の飯を食べる」ということ。これはみんなの心をひとつにまとめる、とっても温かくて最良の方法である。

また、片桐工業所のベトナム工場では「代表者の経営理念、会社の品質方針、現場の5S、安全意識の向上」を大きな看板に日本語とベトナム語で表記し、工場内に掲げている。とくに経営理念においては、日本の本社が利益を得るためのベトナム工場ではなくて、「ベトナム工場で働くあなた方とその家族が幸せになるための会社です」と謳っている。つまりベトナムに工場が存在する以上、ベトナム人のための会社であると強調しているのである。照久社長は「日本人はもちろん経営責任者でありますが、事業

目的を円滑に進めるための補佐役でもあるのです」と語る。

もう1点、円滑に仕事を進めるために大切なこととして、給料の査定が挙げられる。ベトナム人は、日本人の感覚以上に給料の査定に敏感であるという。照久社長は「給料査定の明確な基準と査定方法の確立は思った以上に重要でした」と語っている。ベトナムでは、法律で最低賃金が決められている。ただ、急速に物価が上昇していることから、物価上昇率にあわせて法律の最低賃金も定期的に引き上げられている。しかし、物価の上昇率に対して法律が定める賃金の引き上げ率が低かった場合、ベトナム人スタッフは不満を持つという。これは法律に問題があると照久社長は指摘するが、ベトナムの賃金の相場を踏まえておくことも必要であるとの教訓である。

また、ベトナムでは日本企業には少ないが、不当解雇による労働紛争もあるという。片桐工業所では労働規約に決まり事を細かく明記し、本契約の際に一読を義務づけ、最後にサインをするよう徹底しているという。労働規約はタイニン省労働局の確認を受けており、公的なものである。

このように進出企業側は、自分の身を守ることも大切なのである。

ベトナムを知り尽くす、それが進出を成功に導く秘訣

ベトナムへ進出した日本企業のなかで、撤退を余儀なくされた会社の多くが、実は中小企業である。その一番の理由は、「周りが進出しているので、取り残されないよう安易に進出してしまった」というもの。事前の調査もほとんどせず、「同業者が成功しているのだから、うちの会社も大丈夫だろう」とたかを

くくり、結局失敗するのである。

一方、片桐工業所では進出に関してコンサルティングなどは一切使わず、すべて照久社長自身が主体的に進めていった。照久社長は「ベトナムの工場を順調に稼働させることができたのは、創業の時点でほとんど不安がないところまで、下調べや勉強をした結果だと思います」と語っている。進出する際には、まず〝なぜ進出するのか〟を明確に描いたうえで、〝進出を成功させるためには何をしなければいけないか〟を考え、〝そのために必要な情報を積極的に収集する〟ことが大切なのである。

また、ベトナムに駐在する日本人スタッフの人選も、ベトナムでビジネスを成功させるポイントのひとつであるという。気心の知れたスタッフをいかにベトナムの駐在員として現地に送り込むことができるかが、非常に重要なのである。日本人スタッフがベトナムに長く駐在すると、どうしても日本側との気持ちのずれが生じてくる。ベトナムの駐在員は、日本の本社のビジョンを正確に理解し、それをベトナムにおいて実行させる役割を担う。その駐在員が、日本側の意志に反することをベトナムで実行してしまうと問題である。気心の知れた間柄であるからこそ、たとえ離れた場所にいても、常に思いを共有し、お互いに共通の目標に向かって邁進できるのである。

まずは、ベトナムを知り尽くす。そのうえで、信頼のおけるスタッフを現地に送り出す。これは製造業者に限らず、すべての業種の企業にとって、ベトナムでビジネスを成功させるために必要なことであるといえるだろう。

ケーススタディ③

協伸ベトナム

白い外観の協伸ベトナムの工場。ベトナムで初めて建設されたタントゥアン輸出加工区にある。写真左上は工場内の金型部門、成形工程、プレス工程のもよう

【会社データ】

社　名	Kyoshin Vietnam Co.，Ltd
所在地	Tan Thuan EPZ, Road12,Tan Thuan Dong,District7, Ho Chi Minh City, Vietnam
資本金	400万ドル（USドル）
設　立	1995年
代表者	会長　及川　栄 社長　光永英男
従業員数	３１０名
事業内容	プレス部品、プレス金型設計・製作、射出成形部品、インサート成形部品、テーピング製品、コイル部品の製造、メッキ

協伸工業は、テレビ、オーディオなどの家電から携帯電話まで幅広い産業分野で採用されているタブ端子（金属プレス部品）をはじめ、自動車やモーターバイクなどに使われるワイヤーハーネスや自動車用電装品、精密プレス金型などの製造を中心に事業を展開。その高い精度と品質は、多くのメーカーの信頼を得ている。しかし、１９９０年代以降、産業の国際化が急速に進展をはじめ、日本企業が一斉にアジア各地への進出を開始したのにともない、協伸グループは海外製造拠点として１９９５年、協伸ベトナムを設立したのである。

協伸ベトナムでは、主にプレス用金型の設計・製作、射出成形部品、金属プレス部品、インサート成形部品の製造が中心で、それらが全体売上高の約90%を占めている。産業分野別の比率（２００４年）では、自動車関連が約50%、電気関係が約35%と、このふたつが主要分野。製品の主な提供先（２００４年）は、ベトナム国内の日系企業が約50%、日本に向けた輸出が約25%、東南アジア諸国への輸出が約20%となっている。

協伸ベトナムが進出したタントゥアン輸出加工区は、１９９１年にベトナムで初めて建設された輸出加工区（保税地域）である。開設当初から設備が整った工業団地として人気を集め、ホーチミン中心部から車で約20分とアクセスも非常に便利。協伸ベトナムの工場はタントゥアン輸出加工区内に計２カ所あり、ひとつは１９９５年に操業を開始した工場で、敷地面積５０００m²・延床面積３３０４m²、もう一方は２００２年に操業を開始した工場で、敷地面積1万m²・延床面積７４４３m²となっている。

「プレス、成形事業分野で世界の一流企業となる」。これが協伸ベトナムの事業ビジョンである。日本で築き上げてきた技術やノウハウを活かし、現在進出を果たしたベトナムを皮切りに、今後さらなる海外展開を目指している。

産業のグローバル化の波に乗り、活況にわくベトナムへ進出
生産コストの大幅カットに成功し、本格的な海外展開も視野に

生産コスト削減のためにベトナムへ進出

1986年にスタートしたドイモイ政策による経済改革、開放路線への取り組みにより、ベトナムは市場経済化へ向けて大きな一歩を踏み出した。しかし、1980〜1990年代のはじめごろまで、産業インフラ、法体系の整備などがいっこうに進まず、日本企業がベトナムへ進出を果たした事例は数少なかった。その後、1994年2月にアメリカが対越経済制裁を全面解除。さらに1994年8月には、日本の首相としてははじめて村山富市首相がベトナムへ訪問した。これらを機に、日本の官民が一斉にベトナムへの関心を深め、日本企業のベトナム進出が急増したのである。

この進出ラッシュは1994年にはじまり、1997年夏に発生したアジア通貨危機まで続く。これがいわゆる「第1次ベトナム投資ブーム」である。ちなみに日本企業が一斉にアジア各国へ生産拠点を移すことで、日本国内の産業の空洞化がはじまったのもこのころで、国内の製造業者に対して「海外に工場があるということを前提に、見積もりを要求」するメーカーまで出てくるようになった。協伸工業がベトナム進出を視野に入れ、現地調査を開始したのは1994年なので、この第1次ベトナム投資

ブームと時期的に重なっている。ベトナムが経済発展にわく一方、当時の日本は長引く不況の影響で大多数の企業が生産コストを効率化し、極限まで切り詰めなければ生き残れない状況に陥っていた。しかし、日本国内でコストを抑えるにも限界がある。

そこで、多くの日本企業がベトナムの近年まれにみる経済発展や投資環境も改善されている点、さらに人件費が日本に比べて大幅に低い点などに注目し、一斉に進出を開始したのである。協伸工業株式会社がベトナムへ進出した一番の理由も、従業員の賃金が低いことで生産コストを大幅に削減できるというものであった。進出理由としては、他にも国の治安が比較的安定している点、ベトナム人の勤勉でまじめな気質が日本人と共通し、将来の事業展開に欠かせない人材である点などが挙げられる。ここで注目すべきは、特に「人材」に関してである。

協伸ベトナムが主に扱う製品は、高度の技術を要する精密部品が中心。日本人は世界一手先が器用といわれるように、日本の製造業の品質レベルは世界でトップレベルである。その品質レベルを日本以外の海外でも保つためには、そこで働くスタッフの技術レベルを高める必要がある。

協伸ベトナムが扱う金型技術をある程度マスターするには、最低5年はかかるといわれるほどの忍耐力が必要となるが、その点ベトナム人は勤勉でまじめ、こつこつと仕事に取り組むという面で日本人と共通している。まさに粘り強く仕事に取り組む姿勢において、ベトナム人は最適なパートナーであるといえるのだ。

輸出加工区への進出で、投資許可取得がスムーズに

1990年代半ばから、ベトナム政府は外資の誘致に本腰を入れはじめ、投資環境の整備を急ピッチで進めることになる。また、協伸ベトナムが拠点を構えるタントゥアン輸出加工区は、ベトナムで初めて建設された輸出加工区であることから、開設当初からかなり設備面に力を入れていたようである。そこへ工場を建設することで、輸出加工企業として投資許可認定が得られるなど設立に関する手続きが簡略化し、外資系企業にとって非常に進出しやすい環境となっている。

協伸ベトナムの光永英男社長いわく、タントゥアン輸出加工区への進出は特に問題もなくスムーズに運んだという。また、同輸出加工区へ工場を設立した理由は、資材の輸入関税が免除されること、完成した製品を輸出する際も税金は不要、さらに法人税の優遇策が適用されたという点も大きいという。

生産コストの大幅な削減に成功

光永社長は「人件費が低いことから生産コストを大幅に削減でき、日本国内では価格面で競争力を失っていた部品の継続販売が可能になった」と語る。主要部品の一部が生産停止に追いやられると、それら部品に対する取引先との接点がなくなるということである。これは事業を継続させていくうえで致命的である。そして、ベトナムへの進出が、多くの日本企業にとって生き残りを賭けた選択肢のひとつとして有効な手段であることの証明である。

また、日本の協伸工業では対応していない「成形、インサート成形、メッキ」を協伸ベトナムで行うことで、トータルの生産コストの削減に成功したという。これは、人件費が安いベトナムだからこそ可能なことである。日本では、金型の製造だけではなく、金型を利用してプレス部品や成形部品を生産したり、メッキまで行おうとした場合、そのぶんの人件費も含めた生産コストが大幅にアップしてしまう。よって日本では、製造した金型そのものを取引先に納品するか、成形やメッキを外注したほうが結果として利益が出るのである。

一方、生産コストが日本に比べて大幅に安いベトナムでは、逆に金型の製造のみを行うのではなく、製造した金型をもとに金属プレス部品の加工、その後のメッキまで一貫して行うほうがコスト面で安くつき、利益を得る機会が相当広がるのである。これは日本国内で金型の製造のみを行う製造業者にとって、事業の幅をさらに広げるチャンスであることを物語っている。

習慣の違いを理解することが先決

ベトナム人は、気質的に、日本のビジネス社会にマッチしているといわれている。しかし、いくら共通点が多いといえど、習慣の違いによるトラブルは避けられない。光永社長いわく「ベトナム人は、日本人と似ているところも多いが、大きく異なる点でいえば、ベトナム人はラグビーでよくいわれる〝One for All, All for One（1人はみんなのために、みんなは1人のために）〟という概念はない」という。

日本のビジネス社会では、とくに組織を大切にする。組織の中で、個々の社員がそれぞれの役割を明確に意識して行動し、いかに相乗効果を生み出すか。そこが問われる。たとえ正しい判断であったとしても、1人だけが組織が目指す道とは別の方向へいくことを良しとしない風潮がある。そのような企業文化が定着した日本企業にとって、あまり他人のことは意識せず、自分中心に物事を進める傾向にあるベトナム人は、やはり日本企業側にとっては仕事を進めにくいようだ。

また前述の通り、ベトナム人は東南アジア特有のおおらかさの持ち主。ここで大切なのは、時間を厳守する意識が日本人より低いということを日本企業側がきちんと理解したうえで仕事を行うことだという。効率を意識するあまり、多くの指示を一度に出しすぎるのもよくないという。

日本人にとっても、ベトナム人にとっても、お互いにスムーズに仕事を行うためには、双方の習慣の違いをしっかりと理解することが先決である。ベトナムと日本はまったく別の国であるとの認識をお互いが持ったうえで、少しずつ歩み寄る努力をする。そして、ビジネスにおけるビジョンを共有し、共通の目標へ向かって進んでいくことが大切なのである。

「ものづくりの思想」を理解する、優秀なベトナム人スタッフの採用が決め手

2006年7月より新会社法がスタートし、投資環境が大幅に改善されたことで、日本企業のベトナム進出が今後さらに加速すると思われる。1995年と早期にベトナムへの進出を果たし、順調に事業を拡大している協伸ベトナムの光永社長に、ベトナムでビジネスを成功させるための秘訣をうかがった。

「ベトナムに限らず、アジア各国でビジネスを行うためには、管理職と中間管理職に優秀な人材を確保

できるかが、まずは大切です。そして、彼らに日本の伝統である『ものづくり思想』を十分に理解してもらったうえで、いかに現地のスタッフに咀嚼して誤解なく伝えてもらえるか。そこが最大のポイントです」と光永社長は語る。

日本人のスタッフが、「日本の品質基準がいかに優れていて、ベトナムでも日本と同じ品質レベルを守らないといけない」といくら声を張り上げても、思いが正確に伝わらないことには何も変わらない。確かに日本側がベトナムという国、そしてベトナム人を理解する努力がまずは必要だ。しかし、理想としては、管理職レベルのベトナム人スタッフに日本企業のすべての思いを理解してもらったうえで、現場に広めてもらったほうが意思疎通も正確である。

光永社長は「大都市ホーチミン市やハノイ市周辺では、労働者の確保はもちろん、管理職層の採用も非常にむずかしくなっています。ベトナムでの事業展開を考える日本企業は、ベトナム現地での人材採用に関しても、しっかりと準備を整えたうえで進出されることが大切です」とアドバイスする。

ホーチミンやハノイはいま、急速な経済発展に伴い人材不足が深刻化している。外資系企業もどんどんベトナムへ進出し、優秀なベトナム人は少しでも条件のいい外資企業が現れると、すぐに勤務する会社を退職して条件のいい会社へ転職するという。

さらに、少子高齢化社会が本格化しはじめた日本では、アジア各国の優秀な人材を確保する動きも活発化してきている。現在、ベトナムへの進出を考える日本企業は、いますぐにでも人材確保の対策を講じる必要がある。優秀なベトナム人の確保こそ、ベトナムでビジネスを成功させる早道なのである。

ケーススタディ④

ココ・インターナショナル

外国駐在者向けの高級賃貸住宅地「フラワータウン」。自然に恵まれた立地、室内はゆとりをもたせた設計で、建物の外観も高級感を演出している。プールやテニスコートも備える

【会社データ】

社　名	Co Co INTERNATIONAL Co.,Ltd.
所在地	14 Thuy Khue St. Hanoi　Vietnam
資本金	2100万ドル(USドル)
設　立	1992年6月
代表者	代表取締役会長　長谷部亮平(長谷部建設株式会社 代表取締役社長) 社長　今川　浩
従業員数	58名
事業内容	外国駐在員および外国企業向け貸室業

「奉仕」の精神で社会に貢献する。これは、ベトナム企業と合弁会社ココ・インターナショナルを立ち上げた長谷部建設の経営理念である。１９２４年に創業を開始して以来、屋上緑化への取り組みや生活環境への配慮、周辺地域と調和した街づくりなど、人と自然、街と暮らしが共生できる循環型社会の実現を目指している。

また「利益は社会に還元する」という姿勢から、ベトナム、モンゴル、ミャンマー、中国などアジア諸国の若者たちを支援し、交流を深めるための育英資金を提供している。国内においては、次代を担う優秀な若手設計家の支援活動も展開。将来を見据え、社会や人々に真に必要とされる事業を追求し続けることが、新世紀型の繁栄に奉仕することにつながると考え、日々創造への挑戦を重ねている。

長谷部建設は、１９９２年にベトナム企業との合弁会社ココ・インターナショナルをハノイに設立。長谷部亮平会長は「当時は、日本からベトナムへ進出すること自体がまだ馴染んでいなかった」と語るように、ほかの日本企業にくらべて非常に早い進出である。

ココ・インターナショナルは、ハノイのダウンタウンにほど近いホータイ湖のほとりに、外国駐在者向けの高級賃貸住宅街「フラワータウン」を建設、現在。第三期工事まで終了している。ココ・インターナショナルが手がけた一戸建て、賃貸マンションはほぼ１００％で稼動している。

これまでベトナムは、ホーチミンを中心に急速な経済発展を続けてきた。１９９７年頃までは、日本企業のベトナム投資の約70％がホーチミンを中心とした南部に集中していたとされている。しかし、２００１年以降、日本企業の投資の約90％がハノイを含めたベトナム北部に移行しているという。ハノイに拠点を構えるココ・インターナショナルにとって、この状況は非常に有利である。今後、日本企業のハノイ進出の増加にあわせて、同社のさらなる事業規模拡大が期待される。

あえてハノイにねらいを定め、進出時期も非常に早い1992年この読みが的中し、手がけた物件はすべて100%稼動中

大手がベトナムへ進出する半歩先を行く

長谷部建設株式会社がベトナムに注目した理由――それはほかの多くの進出企業と同じく、ドイモイ政策による開放路線により、経済が急速に進展をはじめたことが大きい。しかし、長谷部建設のベトナム進出は、「時期と地域」がほかとは異なっている。

まず進出時期。長谷部建設がベトナムにグループ会社「ココ・インターナショナル」を設立したのは、1992年。第1次ベトナム投資ブームがはじまったのが1994年頃なので、いかに長谷部建設が早期進出を果たしているかがわかる。事実、日本の建設業界のなかで、長谷部建設がベトナム進出第1号である。しかし、なぜこれほどにも早く進出する必要があったのか。それに対して亮平会長は、「ベトナムへの投資が本格化し、大手が進出する半歩先をいく必要があった」と述べている。

確かに、大手が資本力を活かして大型物件を次々に建設を開始したあとでは、中堅・中小企業の参入はむずかしい。だが、「ベトナム投資」という先例自体がないなかで、自らが先頭を切ってベトナムへの活路を開くということが、いかに困難であったかは容易に想像できる。亮平会長は「弊社がベトナム

への進出を検討していた当時は、日本からベトナムへ進出すること自体がまだ馴染んでいませんでした。取引銀行も資金援助をしてくれない。ひどい場合は、ベトナムへ進出するなら取り引きをやめる、とまでいわれたこともありました」と進出当時の苦労を語る。

またベトナム側も、外資系企業を受け入れるという経験自体がほとんどなく、投資許可などの申請手続きがいっこうに進まなかったようである。しかも投資形態は、ローカル企業との合弁会社。当然、日本側とベトナム側の資本の関係など、独資による進出以上に手続きは困難である。

ただ長谷部建設のベトナム進出は、前述の通り、日本の建設業界初である。日本企業全体で考えても、当時日本からベトナムへ投資している企業は数える程度。これが何を意味するか。それは、経済発展のために日本企業を積極的に誘致したいベトナムにとって、長谷部建設の進出が成功するか否かが、今後の日本企業のベトナム進出増加を占ううえで非常に重要だったのである。

亮平会長も「長谷部建設の投資が失敗すれば、日本からの進出が滞ることになる。ベトナムの将来のためにも弊社の進出は重要ですと、ベトナムの投資局と話し合いを重ねました」と語っているように、非常に強気の姿勢で投資許可の申請を行っている。

しかし、こうした長谷部建設の進出にかける熱意が伝わり、税制面での優遇措置や法的な改定もなされるなど、ベトナム政府はかなり協力してくれたという。それらサポートの甲斐もあり、無事に投資許認可を取得。資本比率は長谷部建設が7割、パートナー企業が3割で決着した。まさに、今日のベトナム進出の道筋は、長谷部建設が切り開いたといっても過言ではないだろう。

ホーチミンではなく、あえてハノイに進出

長谷部建設のベトナム投資が他の企業と異なる点は、進出地域にも表れている。1990年代のベトナム投資の大半はホーチミンであったのに対して、長谷部建設はハノイに進出している。その理由を亮平会長は、「ハノイは外資系企業の投資に関して政府がバックアップしてくれ、進出しやすかったのです」と述べている。

長く苦しい戦争が終焉を迎え、南北統一を果たしたベトナム。ドイモイ政策がスタートし、国を挙げて市場経済の導入を目指してはいるが、やはり北（ハノイ）と南（ホーチミン）の格差は大きい。「北は政治、南は経済」と明確に分かれ、北の政府としては経済が南に負けているのが悔しく、前述の通り外資の投資に関して政府が支援を行っていたという。また、たとえホーチミンに進出しても、結局ハノイにオフィスを持たないとビジネスがスムーズに展開しないことが多いという。事実、まずホーチミンに進出後、ハノイにオフィスを設ける企業も多い。

また当時は、ハノイには外国人向けの賃貸住宅がなかったことも、ハノイへ目を向けた理由のひとつ。外国人駐在員は、ベトナム人の住まいを改装して住んでいたようだ。しかし、ベトナム様式の部屋は狭く、外国人にとっては非常に住みにくい。また、ホテルも外国人に向けたものはなかったという。政府の援助も受けられて、長谷部建設が市場をねらう外国人向けの賃貸住宅も存在しない。ハノイは長谷部建設にとって、最良の進出地域だったのである。

ベトナムに注目した理由として、亮平会長は他にも、経済の揺らん期の国をねらう長谷部建設のスタンスも影響していると語る。アメリカやヨーロッパなどの成熟した国では、土地や建物の資産価値は大きくは変わらない一方で、経済が発展している国であればキャピタルゲインが望めるとの理由だ。また、ベトナム人がとても親日的なところも、今後仕事をしていくうえでの非常に大きな判断基準であったという。

外国駐在者向けの高級賃貸住宅街「フラワータウン」誕生

ココ・インターナショナルの投資形態は、ベトナム企業との合弁会社である。そもそもなぜ独資による進出ではなくて、合弁会社として設立したのか。

亮平会長は、「弊社は建設会社なので、当然建物を建てる土地が必要です。しかし、ベトナムに独資で進出し、土地を借りることは非常にむずかしいのです。その点、土地を持つベトナム企業と合弁で会社を立ち上げると、合弁先企業の土地を利用できます。弊社の合弁先は、公園を管理する会社で、広大な土地を持っていました。土地の一部を資本金として提供してもらい、弊社は建設に関する技術を提供し、建設資金を出資することで契約が成立したのです」とその理由を語っている。

合弁先との条件次第ではあるが、ベトナムで土地を手に入れるには、パートナーに土地を資本として提供してもらうのが一番の早道であるという。ココ・インターナショナルのケースでは、合弁先にとっては技術と設備が手に入り、長谷部建設にとっては念願の土地が手に入る。お互いにメリットを享受した友好的な提携である。

ココ・インターナショナルが手に入れた土地は、ハノイのダウンタウンにほど近く、ホータイ湖のほとりにある。とても見晴らしがよく、自然環境にも恵まれた立地である。ここに、外国駐在者向けの高級賃貸住宅街「フラワータウン」を建設する。

第一期工事は、日本の銀行からの資金援助が得られないことから、長谷部建設の自己資本を投入し、一戸建てを32棟建設。さらに一戸建てに隣接した場所には、オフィス棟も手がけている。一戸建てに関しては、着工前から3、4倍ものウェイティングが出るほどの反響で、オフィスも外資系企業の入居ですぐに全テナントが完売したという。第一期工事は、まさに大成功を収めたのである。やはりハノイの外国人駐在員は、ベトナム様式の住みにくい家に困り果て、早く外国人仕様の広くて大きな家を待ち望んでいたのだろう。長谷部建設がハノイに進出したねらいが見事的中したのである。

第一期の反響を受け、第二期、第三期工事もすぐに着工。第二期はメゾネットタイプを80戸、第三期は9階建ての高級賃貸マンションを建設。これらの物件も第一期同様反響はよく、ほぼ100%稼動を続けているという。現在は第四期工事に入り、地下1階と1階が駐車場、2〜4階がオフィス、5〜9階が住宅になったマンションを建設中である。

ココ・インターナショナルが手がけた「フラワータウン」は敷地が広く、自然環境にも恵まれた立地であることから、単身の駐在員向けではなくて、ゆとりの暮らしを求めるファミリー層に向けた比較的大きな間取りの物件を揃えているという。とくにリビングやベッドルームにゆとりをもたせた設計で、建物の外観も外国人が好む高級感を演出している。「フラワータウン」のなかには、プールやテニスコートも備え、入居者は自由に楽しむことができる。また、マイクロバスで大型ショッピングセンターへの送迎も行うなど、サービスの充実を図っているという。

部品調達に悪戦苦闘

第一期工事から順調に事業を展開しているココ・インターナショナルではあるが、一方で、やはり苦労も多かったという。一番の問題点は、部品の調達。とにかく、同じ部品が必要な数だけ揃わないのである。たとえば、蛇口や取っ手。ベトナム国内のあらゆる仕入先を駆け回り、何とか数が間に合ったかと思えば、そのなかの何点かに不具合があり、結局使い物にならない。どうしても国内で調達できない部品に関しては、日本から輸入したという。しかし、輸入税が高く、関税手続きも非常に時間がかかり、結局コストも手間も余計にかかるのである。

最近では、ベトナム国内でも質の高い部品が比較的安定して手に入るようになったという。とくにタイルや床板などは、ベトナム国内で調達したほうが日本から輸入するよりもコストも安く、いい品質のものが手に入るとのこと。日本の製造業のベトナム進出によって、ようやく日本の品質レベルと変わらない製品の調達が容易になりつつあるようである。

信頼関係を結んで仕事をすることが大切

ベトナム人は手先が器用で、細かい作業が非常に得意であるという。日本の大工レベルの技術を持つスタッフも多く、建物の基礎段階まではベトナム人スタッフのみで作業を進行させている。ただ、マンションの建設段階に入ると、日本から一流の現場監督を現地に派遣し、指揮をとるという。

ベトナム人とスムーズに仕事を行うために必要なこと。それを亮平会長は「ベトナム人は、とてもプライドが高いです。人として対等に、礼をつくして接することが大切です」とアドバイスする。ベトナム人は日本側スタッフの対応を見て、信用できない相手だと感じたら、仕事に対する熱い姿勢が冷めてしまうのだという。やはり、お互いに信頼関係を結んだうえで、対等の立場で仕事を行うことが大切なのである。

また、ベトナムでビジネスを行う際に重要なこととして、亮平会長は「物事の取り決めをきっちりと行い、何においても書面を出して、お互いにサインを交わすことが大切です。たとえ面倒であったとしても一歩一歩進めていくほうが、結果としてスムーズに物事が運びます」と述べている。

ベトナムでは、省庁の横の連携がまったくないのだという。たとえば投資局ではOKが出ても、建設局ではダメというケースもある。そのような場合も、投資局とサインを交わしておくことで、建設局をうまく説得できるのである。とにかく、ベトナムでは「口約束では仕事はできない」ということを肝に銘じておいたほうがいい。

製造業の進出は、いまがチャンス

いまホーチミンやハノイは、バブル経済の様相を呈しているという。土地の価格も高騰し、マンションやオフィスビルものすごい勢いで建設されている。20～30階建ての高層ビルも多い。ただ、亮平会長は「確かに土地の値段は急激に上昇し、オフィスビルも急ピッチで建設されてはいますが、実際にはそれほど入居が進んでいないと感じます。まさにかつての日本のように、いまベトナムはバブルを迎えているような状態です」と語っている。土地を扱う企業のベトナム進出は、いまは様子を見たほうが賢明かもしれない。

しかし、製造業の進出はまさにいまがチャンスであるという。日本はもちろん、海外の大手メーカーがベトナムへの進出を加速している。それらメーカーの現地調達を実現する受け皿として、多様な産業の要求に対応できる製造業が必要なのである。とくにいま、大手メーカーのハノイへの進出が急激に増えている。それら企業をねらい撃ちした製造業のハノイ進出も、ベトナムでビジネスを成功させる秘訣のひとつであるといえる。

亮平会長は「ベトナムへ進出する企業は多いけれど、成功している企業は実は少ないのが現状です」とも語っている。ブームだから進出する――そのような安易な投資ではなくて、将来の事業ビジョンを明確に描き、下調べを綿密に行ったうえで進出することが大切であるという。進出は慎重に。急がば回れではないが、結局これがベトナムでビジネスを成功させる早道となるのである。

ケーススタディ⑤

ジーエービービーベトナム

ソフトウェアパーク「QTSC」に事務所を構えるGABBVN。日本語能力の向上を目指した研修内容等で、日本企業の第一線で活躍できる人材を育て上げている

【会社データ】

社　名	GABB Vietnam Co., Ltd
所在地	Hall 4, room 5 Quang Trung Software City,Tan Chanh Hiep Ward, District 12, HCMC.
資本金	5万ドル（USドル）
設　立	2001年12月20日
代表者	代表取締役社長　余　建徳
従業員数	70名
事業内容	ベトナム人IT技術者育成、日本市場向けOA／Web系システム、インターネットアプリケーション開発

ジーエービービー（以下、GABB）は、ベトナム人IT技術者育成とシステム開発をメイン事業として、2000年に神戸で設立。その翌年には、ベトナムのホーチミン市郊外にあるソフトウェアパーク「QTSC」へ進出し、ジーエービービー ベトナム（以下、GABBVN）を立ち上げている。

GABBVNでは、技術者育成に加えて、日本企業を対象としたオフショア開発も積極的に行っている。「ベトナム人IT技術者育成」事業では、ベトナムの大学を卒業した優秀な学生を現地で採用し、ソフトウェアの技術研修と日本語教育を実施している。6カ月の教育期間が修了すると、GABBVNのITエンジニアとして、日本のソフトウェア会社から請け負った開発案件に携わることになる。とくに優秀なスタッフに関しては、日本企業への常駐サービスも行っている。

「オフショア開発」事業では、日本のソフトウェア会社から、OAシステム、WEBアプリケーションなどの開発案件を請け負っている。業務をアウトソーシングする日本企業にとっては、ベトナム現地での開発によって、大幅なコストダウンが実現するというメリットがある。さらに、GABBVNの現地ITエンジニアは、日本語能力が非常に高く、日本語システムの開発も問題なく行える。これはGABBVNの大きな強みである。日本のマーケットをねらうベトナムのソフトウェア会社の多くが社内で日本語教育を実施しているが、実際にはIT知識と日本語能力をあわせ持つベトナム人のITエンジニアは非常に少ない。日本企業からのオフショア開発請負先として、日本語に堪能なスタッフがそろうGABBVNは、他のベトナムのソフトウェア会社を大きくリードしているといえるだろう。

GABBVNは「IT技術を通じてお客様に感動と喜びをご提供する」ことを企業理念に、アジアを中心とした世界と日本を結ぶ架け橋として、双方の利益になるビジネスチャンスを創造し、発展させることを目指している。

人材育成とオフショア開発拠点として、ベトナムに会社を設立
日本企業が求める優秀なITエンジニアの育成に成功

教育コストの削減と優秀なITエンジニアの育成に力を注ぐ

日本のソフトウェア会社がアジアなどの海外へ開発業務を委託する、いわゆる「オフショア開発」が拡大している。近年、日本でのシステム構築需要が急回復するなか、国内のITエンジニアだけでは発注に応じきれないケースも多く、単価の低いアジアがオフショア開発先として急速に注目を集めている。

日本のソフトウェア会社が開発案件をアウトソーシングする場合、まず思いつくのが中国やインド。しかし、最近、ベトナムが脚光を浴びている。理由のひとつが、日本のソフトウェア会社が一斉に中国での開発を増やしたことで、技術者の奪い合いや人件コストの上昇が生じているという点。そのリスクヘッジとして、ベトナムが名乗りを上げているのである。

また、高度な技術を要するシステム開発では、ITエンジニアの育成が国内では追いつかず、アジアの優秀な人材を確保する動きも本格化してきている。なかでも、ベトナム人ITエンジニアは勤勉でまじめ、さらに数学理論やロジカルな思考に長けた人材が多く、日本のソフトウェア会社からの受け入れ要請が増えているという。そのような状況を受け、近年、ベトナム人ITエンジニアを育成し、日本企

業への受け入れをサポートする会社や日本企業のオフショア開発案件を請け負う会社なども増えてきている。

ＧＡＢＢは「ベトナム人ＩＴ技術者育成」と日本のソフトウェア会社を対象にした「オフショア開発」をメイン事業に、神戸に誕生した会社。設立は２０００年と早く、最近参入が激しい同業界では、先駆け的存在として設立当初から注目を集めていた。

ＧＡＢＢとベトナム拠点ＧＡＢＢＶＮの代表取締役社長を務める余建徳（ヨ・ケントク）氏は、神戸に本社を置く株式会社ブレインワークスで、ベトナム人や中国人、インドネシア人などアジア各国の優秀なＩＴエンジニアとともにソフトウェアの開発を行っていた元システムエンジニアである。ブレインワークスは、主に中小企業に向けた経営支援を中心に事業を展開している会社。サービスの一環として、経営戦略に有効なシステム環境の構築も行っているが、今日のように海外に業務を委託するオフショア開発が注目を集める以前から、日本国内のＩＴ産業に限界を感じていた。よって他に先駆けて、ベトナムをはじめアジア各国のＩＴエンジニアの育成事業を積極的に展開してきたのである。

余社長は、アジア各国の技術者と実際に仕事を行うなかで、とくにベトナム人スタッフの勤勉でまじめな姿勢が日本のビジネス社会にとても馴染むことを実感していた。また、取引先企業からはＩＴエンジニア不足や開発コスト削減に悩む声もよく聞いていたという。

余社長がベトナムビジネスの可能性に気づきはじめていた矢先、ブレインワークス内で、あるご縁からベトナム人ＩＴエンジニアの育成に特化した関連会社を設立する話が浮上する。ブレインワークスは、チャレンジする明確な意思を持つスタッフには、大きなチャンスを与える企業。そこで余社長は、ベトナム事業を行う関連会社の設立メンバーとして名乗り出たのである。そして、余社長の意思が認められ、ベトナム人IT技術者育成とシステム開発をメイン事業としたブレインワークスの関連会社、GABBを神戸に設立することになったのである。

余社長が神戸に会社を設立後、本格的にベトナム人ITエンジニア数名を神戸に呼び寄せ、日本にて日本語や技術研修を行った。しかし、彼らは基本的な日本語スキルは身につけたものの、肝心のソフトウェア開発の専門用語がまったくわからず仕事にならない。だからといって日本での研修期間を長引かせると、そのぶん人件コストが膨らむことになる。日本での開発案件は、日本語を使用したプログラミング技術が必要。当然、開発の専門用語もすべて日本語で理解する必要があるなど、非常に高度な日本語能力が求められるのである。

そこで余社長は、GABBのベトナム拠点を新たに設立し、コストが抑えられるベトナムにて日本語・技術研修を行うことにした。教育内容に関しては、他の同業社と比べてもかなり充実している。日本語(漢字)の読み書きや会話など一般的な日本語の習得はもちろん、IT専門用語、ソフトウェアの仕様書の読み方など、ソフトウェア開発に関連するあらゆる日本語能力の向上を目指した内容で、研修期間は6カ月。研修が修了したスタッフは、ITエンジニアとして日本企業の開発案件を担当することになる。しかも仕事中は、日本語以外の言葉は極力使わないという徹底ぶりだ。余社長は「日本で研修を行うよりも大幅に人件コストを削減しつつ、優秀なベトナム人技術者を多く育成することが可能になった。

当時の第1期生は、いま日本企業の第一線で働いています」と語る。

進出時の一番の苦労。それは社員教育だった

ベトナムへ進出する際にまず問題となるのが、ライセンス契約など会社の設立準備などである。これに対して余社長は「ベトナム拠点の立ち上げ準備は、ライセンス契約の取得を無料で対応してくれる『QTSC（クァンチュン・ソフトウエアパーク）』に事務所を構えることで解決しました」と語る。

GABBVNが入居するソフトウェアパーク「QTSC」は、ホーチミン市郊外に位置する。ITインフラの環境も整い、家賃もホーチミン市の相場に比べて非常に低く、多くの外資系のIT企業が入居している。QTSCは前述の通り、会社設立に関する手続きをワンストップサービスで提供しているので、外資系企業にとって進出時の手続きが大幅に軽減されるなどの利点がある。ホーチミン市自体もIT企業の誘致に熱心で、外資系企業の要求に対応できるハイテクパークの整備に積極的である。ホーチミン市には、QTSC以外にも「SSP（サイゴン・ソフトウェアパーク）」「E-town（イータウン）」「ホアラック・ハイテクパーク」といったハイテクパークが存在する。

GABBVNを立ち上げた余社長は、ベトナム進出後に最も苦労したこととして社員教育を挙げた。というのも、GABBVN立ち上げ当初、日本語に精通したスタッフは余社長1人だけだったのである。ちなみに余社長は台湾出身で日本語は堪能だが、ベトナム語はできない。実際には、GABBVNを立ち上げたもう一人のメンバーがベトナム人で、日本で2年間働いた経験もあったことから、このスタッ

フがベトナムと日本のつなぎ役として大いに活躍することになる。

GABBVN設立当初、新人スタッフの日本語・技術教育に関しては、日本語が可能な余社長と日本語がある程度通じるベトナム人スタッフの実質2人だけで行ったとのことだが、一風変わった取り組みを実施している。日本語がまったくわからない新人のベトナム人スタッフに対して、わからなくても極力日本語を使うようにしたのである。そして、過去の失敗を活かし、日常会話の日本語習得だけではなく、システム開発全般の専門用語教育も徹底的に行った。これら研修を6カ月間、とにかく2人で手分けして必死で行い、日本企業の開発案件を任せられる優秀な第1期生スタッフを育て上げることに成功したのである。余社長はいまも、日本語ができるベトナム人スタッフがいてくれたからこそベトナム拠点を設立し、順調に稼動させることが可能になったと、同スタッフへの感謝を忘れない。

GABBVNでは、現在、日本語教師を専属でつけ、より質の高い日本語教育を実施している。さらに苦労して育て上げたベトナム人スタッフの多くが日本語に精通していることから、彼らが新人スタッフに対して技術指導を日本語で行っているという。

日本企業からの評価が高いベトナム人ITエンジニア

ベトナムへ進出したことによるメリットは、まず教育に必要な人件コストを大幅に削減できたことが挙げられる。しかし、メリットはそれだけではないと余社長はいう。ベトナム人スタッフを現地で育成することなく、まず日本へ連れてきて研修を行った場合、もし能力的に問題があったとしても、またべトナムへ帰すわけにはいかない。ベトナム人ITエンジニアを日本へ送り出す場合、まずベトナムで日本語能力と技術力をしっかりと身につけ、日本で活躍できると判断したうえで送り出したほうが、本人にとっても会社にとってもベストな選択となるのだ。結果として、非常に優秀なITエンジニアを日本のソフトウェア会社へ送り出すことが可能になったのである。

余社長は「ベトナム人スタッフを現地で採用して研修を行い、日本へ連れてきたスタッフの中で、結局仕事が続かなかったスタッフは1人もいません。GABBVNを立ち上げて、ベトナム現地で教育を行うことで、非常に能力の高い人材を多く輩出することが可能になりました」と胸を張る。事業活動を行ううえで確かにコスト削減は大きな課題だ。ただ、会社を動かしているのはお金ではない。「人」である。日本企業へ向けたITエンジニアの常駐サービスも行うGABBVNにとって、企業が求める優秀な人材を送り出せることは、コスト以上に大きなメリットである。

最近では、ベトナム人ITエンジニアを受け入れた経験を持つ日本企業の間で「ベトナム人は優秀である」と認知されはじめているという。これはGABBVNの事業をさらに加速させる大きな要因となっている。事実、GABBVNがベトナム人スタッフを送り出した日本企業からは、再度人材受け入れの要請があることも多く、彼らの日本語能力の高さに驚かれることもあるという。これは、GABBVN立ち上げ後、試行錯誤の末に生み出した研修制度が功を奏した結果であるといえる。

さらに、いま日本ではシステム開発のコスト削減への追求が、これまで以上に加速している。日本企業にとって、オフショア開発でいかにコストを削減できるかが、今後の事業継続のカギを握る。優秀なベトナム人スタッフを育成し、ベトナムにて日本企業の開発案件を請け負うGABBVNにとっては日本の状況を最大限に活かし、事業を拡大するチャンスであるといえる。

また、ベトナムでは国を挙げてIT産業の発展を目指している。2005年10月にベトナム政府が発表した「2010年に向けたIT開発戦略」では、ASEAN諸国より水準の高い「e－国家」「e－政府」「e－企業」「e－取引」「e－商業」の確立を目指している。さらに、インターネット利用者が総人口に占める割合を25～35％に、IT産業の平均年間成長率を20～25％にする目標を掲げ、インフラ整備やITエンジニアの育成を積極的に展開。このほか、外資系企業の技術や資本をベトナムに取り込むために、ソフトウェア産業の外資優遇政策を多く設けている。いまベトナムへの進出を検討中のソフトウェア会社はそれら優遇措置をうまく活用することで、進出を成功に導くことも可能であろう。

お互いの違いを理解し、いたわりあう心が大切

かつてベトナム人をはじめ、アジア各国のスタッフと仕事を共にしていた余社長は、「ベトナム人スタッフはとにかくまじめ。仕事を誠実にこつこつと真剣に行うところは、日本のビジネスパーソンと性格的に通じるところがある」と語る。しかし、いくら仕事が速くて優秀であっても、同じ仕事をするスタッフとして信頼できない相手であれば、やはり長く一緒に働くことはできない。そもそもベトナムと日本は文化的・宗教的な共通点も多く、モノの考え方も根本的に相通じるところがあるとよくいわれる。このことからも、ベトナム人はまさに日本人の仕事相手としてベストパートナーであるといえる。

ただベトナム人と日本人がいくら相性がいいとはいえ、習慣の違いによるトラブルはあるという。たとえば、ベトナム人は相手の話をしっかり聞いているとき、体の前で腕を組む習慣がある。「あなたの話を真剣に聞いています」という意思表示なのである。一方、日本では、体の前で腕を組むことは「態度が大きい」として、目上の人の前では良しとしない。また、ベトナム人は、怒られたときは笑うことがよくあるようだ。GABBVNでは、研修を終えたスタッフを日本へ送り出す際、怒られたときは絶対に笑ってはいけないと教えているという。

ベトナムと日本で国民性の共通点が多いとしても、異なった習慣があるのは仕方がない。余社長は「お互いの違いを理解したうえで譲歩するところは譲歩し、歩み寄るところは努力して歩み寄り、お互いをいたわりあいながら仕事するのが大切です」と語る。

日本以外のマーケットも視野に

GABBVNでは、これまでベトナム現地で300人以上のスタッフを育成してきた。その中でも特に優秀なスタッフに関しては日本のソフトウェア会社への受け入れをサポートし、いまではその人数も約30人にのぼるという。今後は、優秀なベトナム人ITエンジニアをこれまで以上に数多く輩出したいと考えている。また、ベトナムで築き上げてきたスタッフの能力と技術力を武器に、日本マーケットだけではなく、欧米企業へも視野を広げていきたいとしている。

ケーススタディ⑥

重光商事

同社は、自社工場を持たずにベトナムなど現地の工場と提携して、タオルをはじめとする繊維製品の生産輸入を行う

【会社データ】

社　名	重光商事株式会社
所在地	石川県金沢市大野町４丁目レ 40－170
資本金	4000 万円
創　立	1983 年４月
代表者	取締役社長　井上豊夫
従業員数	26 名
事業内容	輸入業（繊維製品、食品、工芸品、機械）
輸入相手国	中国、ベトナム、インドネシア、インド、パキスタン、他

１９８３年に創業した重光商事は、主に中国・ベトナムからタオルや繊維製品を輸入している。タオルの輸入実績は年間２４７４トン（２００２年）で、70％以上は自社企画商品で占められている。

会社設立と同時に中国の工場と提携して事業を開始した重光商事は、１９９７年よりベトナムの国営工場との取り引きをスタートし、現在ではベトナム国内の５つの国営工場と提携を結んでいる。ベトナムとの取引開始から１年後の１９９８年、為替が円安に移行したことで、日本のタオル輸入業者がベトナムから一斉に撤退を開始。その影響で、重光商事はベトナムでのシェアを一気に拡大、ベトナムからのタオル輸入において日本でナンバーワンの地位を築く。それから現在（２００６年７月）にいたるまで、常にトップシェアを守り続けている。

井上豊夫社長は、「海外へはあえて投資せずに、海外の工場とお互い強い信頼関係を築いたうえで、対等の立場で仕事を行う」ことをポリシーに据えている。よってベトナムや中国など海外に自社工場を設立せずに、現地の工場と提携してタオルをはじめとする繊維製品の生産・輸入を行っている。

重光商事が輸入するタオルの70％を占める自社企画商品に関しては、まず商品の仕様書、デザインなどをベトナムや中国の工場へ提供し、信頼のおける現地の工場で生産。そして、完成した製品をふたたび日本に輸入している。それ以外の既製品タオルに関しては、時代がいま必要としている商品を社内バイヤーが「プロの眼」で見極め、日本に輸入している。この重光商事のビジネスモデルは、生産コストを大幅に削減するとともに、お互いの信頼関係によって高品質な商品を獲得することにも成功している。

重光商事が日本に輸入した商品は、国内10カ所の倉庫で保管。その量は常時１０００点を超え、６億円にものぼる在庫量と豊富な商品点数は、他の企業の追随を許さない。井上社長は「タオルの備蓄在庫量、種類共に日本一」を自負している。

「海外に投資しない」というビジネスポリシーをつらぬき通し
ベトナムからのタオル輸入量でトップシェアを獲得

中国のリスクヘッジとして、ベトナムが最有力候補に

ベトナムの国営工場と新たに契約を結ぼうと考えた理由——それを井上社長は「中国のリスクヘッジ」であると語る。中国の第2の生産拠点として、繊維・縫製品の輸出高で急速にシェアを伸ばしていたベトナムが最有力候補に挙がったためだ。

ベトナムの繊維産業は、1990年代に入ってから急速に発展をはじめている。ベトナムの他の産業と比較しても、1990年代における繊維産業の輸出量の拡大は目を見張るものがある。1994年までは、原油や水産物の輸出量が繊維・縫製品を上回っていたが、1995年には繊維・縫製品の輸出量が水産物を追い抜いている。そして、1998年には原油の輸出量をも上回り、繊維・縫製品が輸出量でトップとなっている。

このようにタオルをはじめとする繊維産業が勢いづいていたベトナムを、先行きの不確実性が拭いきれない中国リスクの回避先として考えたのだ。そして、井上社長はまずは現地調査の一貫として、ベトナムの有力工場へ視察を行うことになる。しかし、そこでは思いもよらぬ困難が待ち受けていた。

地道な努力でベトナム最大の工場との提携に成功

井上社長は、中国のリスクヘッジ先として、1991年にベトナムのホーチミン市（旧サイゴン市）に視察に出向いている。繊維産業が急速に発展していることに加え、日本におけるタオルの輸入先として、中国に次ぐ2位のベトナムと取り引きを開始することは自然の流れであったという。井上社長はベトナムの中で一番規模の大きな工場へ訪問し、提携の依頼を申し出たが、重光商事はベトナムではまったく無名の企業。当時、面談した相手先からは「いまから1年先まで、日本の大手商社にタオルを売り切っている。だから、お前に売る商品はない」と門前払いを受けたという。

中国ではすでに実績を上げていた井上社長にとって、ベトナムでのこの経験は大きなショックであった。しかし、中国一辺倒の生産体勢では、今後何らかの問題が発生した際に回避する方法がない。やはり、今後さらなる発展が期待できるベトナムの工場と提携を結ぶしかなかった。

1991年に初めてベトナムを訪れて以来、6年の間にドイモイ政策が進展し、繊維産業も本格展開をはじめたことで、1997年ついにベトナム最大の工場との提携に成功したのである。

ベトナムの工場との取り引きが実現した理由。それは、井上社長のビジネスポリシーである「信頼関係の積み重ねを大切にする」ことが最大のポイントであるといえる。確かに、繊維産業が勢いづいていたことも影響しているだろう。しかし、ベトナムまで何度も足を運び、相手工場と誠実に話し合いを行い、少しずつ信頼関係を築き上げてきた結果が、実際のビジネスにつながったのである。この「信頼関係」については、当時ベトナムへ投資していた大手商社をはじめとする多くの日本企業が、ベトナム工場に対してとっていた横柄な態度と関連している。

当時ベトナムへ進出していた日本企業の多くは、日本の技術を現地スタッフに「教えてやる」というごう慢な姿勢が目立っていたという。そのため、現地のベトナム人スタッフはひと通り生産技術を習得すると、「上からものを見ている」日本の会社を退職し、もっと働きがいのある企業へと転職していった。日本の企業は、現地で新たに人材を採用しても、次から次へと辞めていく。現場のベトナム人スタッフの入れ替わりが激しいということは、常に新しいスタッフに技術を指導しなければいけないということでもある。これでは人材育成コストもばかにならない。多くの日本の大手企業がこのような悪循環に陥り、ベトナムから撤退していったのである。

井上社長はそのような状況を静観しながら、ベトナムの工場と信頼関係を築き上げることに全精力を注いできた。井上社長の真摯な姿勢こそ、ベトナムの工場との提携を実現させた最大の要因であるといえるだろう。

円安が功を奏し、タオル輸入量でトップシェアを獲得

ベトナムとの取り引きを開始した1年後の1998年、為替が円安局面を迎えることになる。円安になると、製品をベトナムから日本へ輸入する際の買いつけ価格が上昇し、日本企業にとって不利になる。この状況を受け、多くの日本のタオル輸入業者が一斉にベトナムから撤退をはじめたのである。

しかし、重光商事は提携した工場との信頼関係を重視し、ベトナムの工場との取り引きを解消することはなかった。すると、提携している工場以外からも、タオル製品の新たな生産の話が一気に舞い込んできたのである。これによって重光商事は、ベトナムとの取引開始後約1年で、ベトナムから日本へのタオル輸入量で一気にトップシェアを獲得することに成功したのである。井上社長は「円安は一般的に考えるとマイナス要因となるが、重光商事にとってはプラスに働いた」と語る。6年もの歳月をかけて地道にベトナムとのパイプを切り開いたことが、結果として重光商事に大きなメリットをもたらすことになったのである。

また、重光商事はアメリカに2004年9月、販売のための現地法人を設立している。理由は、中国からアメリカ、ヨーロッパへ向けた合繊維物の輸出に対するクオータ（輸入割当）制が、2005年1月に撤廃されたからだ。

クオータ制とは、特定の輸出入品目の数量、金額に一定の制限を設ける制度のこと。この制度が撤廃されたことによって、提携先の中国の工場からアメリカに向けて、タオル製品の輸出を大幅に拡大できると判断し、販売に特化したアメリカ現地法人を設立したのである。

しかし、クオータ制が撤廃された直後、アメリカと中国の2国間交渉が行われ、2006年1月～2008年12月まで、再度クオータ制が敷かれることとなった。アメリカに現地法人を設立した直後であるだけに、クオータ制の復活は大きな誤算であったが仕方がない。2009年1月からは、クオータ制が再度撤廃されると見込み、アメリカの現地法人は継続するという。

重光商事では、ベトナムからアメリカへ向けたタオルの輸出も行っているが、ベトナム―アメリカ間では、クオータ制はフリーである。これも、中国のリスクヘッジとしてベトナムの工場と提携したことが、結果としてプラスに働いた例のひとつである。

信頼関係の積み重ねこそが大切

ベトナムをはじめアジア地域とスムーズに仕事を行うためには、「お互いに強い信頼関係を築き上げること」が一番重要であると井上社長は断言する。重光商事では「バイヤーとしての責務を100％守る」ことで、ベトナムで提携している5つの工場との強い信頼関係を確立している。

重光商事では、タオルの生産コストを無理に下げ、安く買いつけるようなことは一切しない。適正な価格で契約し、一度契約した価格は100％守る。たとえ在庫が残っても、契約時の数量は必ず引き取る。さらに、重光商事はベトナムの工場に対して「教える技術もノウハウもなく、長年の実績もない。重光商事のためにタオルをつくってくれるベトナムの工場をただ信じて、よい商品をつくってくれることをお願いする」という姿勢で向き合っている。お互いに対等な立場で誠実に仕事を行うことで、相手先も重光商事を信じてよりよい商品づくりに励んでくれるし、無理を聞いてくれることもある。信頼関係の積み重ねによって相乗効果が生まれ、お互いに気持ちよくスムーズに仕事ができるのである。

また、中国を例に出すと、現在、中国で取り引きしている30社の工場との関係を常に良好に保つために、年に1回仕入先を一同に集めてパーティーを開催しているという。井上社長は「パーティーを開いてすべての仕入先工場を集めることで、重光商事は多くの工場と提携している事実を主張することになります。これによって各工場の関係者には、自社の工場が手抜きをすれば、他の工場に生産比率をシフトされてしまう、と暗にプレッシャーを与える効果につながるのです。これを牽制球理論と呼んでいます」という。これは長年、海外の工場と取り引きを行い、多くの経験を積み重ねてきた井上社長だからこそ可能な、絶妙の牽制球である。

検品のためだけに、わざわざベトナムへ行く必要がどこにある

重光商事は、そもそも検品のために現地にはいかないという。井上社長は「検品のために現地に行くのは、要は相手を信用していないからだ」と主張する。仮に品質に問題があったとしても、すでにお互いに信頼関係を築いているから、きちんとクレーム処理を行えば相手も真摯に対応してくれるし、損害額を全額回収することも可能であるという。また、品質などに問題があった際に大切なこととして、一方的に相手を責めてはいけない。商品をつくってくれる人がいるからこそ、重光商事は事業を継続することができる。その感謝の気持ちを常に持ちながら、誠実に、品質の改良をお願いするのが大切であるという。

重光商事は、検品に限らず、新規商品のデザインをベトナムの工場スタッフに説明する際も、ベトナムには行かずにメールか、通話料金が無料のスカイプ電話でやりとりするという。そもそも井上社長は「海外には投資しない」という考えの持ち主。お互い気心が知れた間柄であれば、タオルのデザインが

増えたり、新商品の企画を説明するといった程度のことでわざわざベトナムへ行かなくても、スムーズに意思の疎通が図れると断言する。

また、井上社長は「2001年8月、ハノイ外国語大学を卒業したばかりのベトナム女性ラムミーリンさんを採用しました。彼女にベトナムからの輸入業務全般をまかせられるようになり、細かい意思の疎通が可能になったことも、ベトナムからの輸入事業を安定して拡大できた大きな要因のひとつです」と語る。

勤勉、まじめ。そして、心根が美しいベトナム人

井上社長は「ベトナム人は男女ともまじめで、仕事をこつこつと行うところが日本人と似ている」という。これまで訪問してきたさまざまな国の中でも、ベトナム人ほど心根がやさしい国民は他にはいないのではないかと思うこともあるという。また、ベトナム人はすでに日本人が忘れてしまっている恩義など人間として大切なこと、常識を身につけているとも。

一方で、重光商事が同じく取り引きを行う中国人は、仕事に対して「仁義なき戦い」といった傾向があるという。重光商事の仕入先のある中国人の社員が退職したとき、1週間後には新しく勤めはじめた会社から同じ商品でアプローチをはじめるなど、日本のビジネスの常識では考えられないことも平気で行うという。

勤勉でまじめといわれるように、気質的にも日本人と相通じるベトナム人は、日本のビジネス社会に

とって、強い信頼関係のもとに仕事が行える最良のパートナーであるといえるだろう。

適正価格を厳守した、誠実な取り引きを

最近、アメリカのタオルメーカーが、複数のベトナム工場に同時に見積もりをとり、最も安い工場に生産を一括して委託し、安く買いつけているという。これでは、タオルをはじめ繊維産業全体の過度の生産価格の低下につながることはもちろん、シェアの奪い合いも激しくなっていく。一方、市場経済の導入を目指す以上はしかたがない面もある。

しかし、重光商事では常に適正な価格で生産を依頼し、適正な価格で買いつけを行っており、今後もその方針は変えないという。価格低下やシェア争奪戦が激化すれば、ベトナムの繊維産業自体の発展の妨げにもなりかねない。

取り引きに対して誠実な姿勢をつらぬくこと。それこそがベトナムの繊維産業全体のさらなる発展に貢献し、同時に重光商事にとっても、高品質商品を継続して輸入し続けることにつながると確信している。

ＫＯＢＥ〜

ＫＯＢＥ〜が入居するＪＶＰＥビルディング

ＫＯＢＥ〜は、コア社長が日本で学んだ経営手法も取り入れながら事業を展開。日本で働いた経験を持つベトナム人スタッフと日本人スタッフが中心となる

【会社データ】

社　名	KOBE 〜 Co., Ltd
所在地	6th Floor, JVPE Building, Quang Trung Software City, Ho Chi Minh City, Vietnam
資本金	56 万ドル（ＵＳドル）
設　立	2001 年 11 月 28 日
代表者	代表取締役社長　グェン・バック・コア
従業員数	68 名（開発部は 30 名）
事業内容	オフィス経営、ソフトウェア開発、ベトナム人技術者への日本語および専門技術教育と人材派遣

ベトナムのホーチミン市に本社を置く「ＫＯＢＥ〜」の社名は、“神戸から”と読む。現在、代表取締役社長を務めるグェン・バック・コア氏が、かつて神戸でＩＴ技術を学んだ経験をもとに立ち上げた会社だ。

コア社長は、神戸からベトナムへ帰国後、うちに秘めた起業家精神で、まずは以前手がけていた建設設計の仕事を展開するため、建築会社「株式会社ＮＨＡ ＶＵＩ」を立ち上げている。その後、あらゆるチャンスを活かしてビジネスを広げていった。そのひとつが日本で学んだＩＴ技術を活かし、大好きな日本とつながりがもてる事業を展開するＫＯＢＥ〜だ。「ＫＯＢＥ〜（神戸から）」という社名にも、「大好きになった神戸、そして日本と関係のある仕事をしたい」という強い思いが込められている。

同社の設立は、２００１年。事業内容は、①オフィス経営、②ソフトウェア開発、③ＩＴ技術者育成が中心。この３本柱の事業を通じて日本とベトナムのＩＴ産業を結びつけ、ともに事業を展開し発展させることを目的にしている。

日本とベトナムのＩＴ産業のさらなる発展のために、両サイドをつなぐ架け橋になる。神戸からベトナムへかけられたビジネスの橋を通して、日本とベトナムがともに発展し続けるために。コア社長含め、ＫＯＢＥ〜の社員は日々邁進している。

うちに秘めたる熱い起業精神は、およそ日本人の想像に及ばない
日本とベトナムのＩＴ産業を結び、ともに発展させていきたい

いざ日本へ。「グェン・バック・コア」というベトナム人青年の熱い思い

コア社長は、一見、穏やかな雰囲気を醸し出す人物である。しかし、うちに秘めたる熱い起業精神は、外見からはおよそ判断できないほどに強くたくましい。

こういっては失礼に値するが、何も知らずにお会いすると、その風貌から〝社長〟という言葉はまず浮かんではこない。それよりも、やさしく穏やかな〝ベトナムのいい青年〟といった印象を抱く。ベトナム人は控え目だけれども精神的にはタフであるとよくいわれるが、コア社長もこの「ベトナム人気質」の持ち主なのだろう。

ただコア社長は、精神的なタフネスだけではなく、「少しでもチャンスがあれば、その機会を絶対に逃さない」という気概にも満ちあふれている。それが証拠に、コア社長は「日本で組織運営ノウハウを学び、ベトナムに帰国してから会社を興す」――虎視眈々とねらいを定め、神戸に渡ったのである。

そもそもコア社長は、ホーチミン市工科大学の建設学科を出ている。よって、大学を卒業したあとは建築設計の仕事に従事していた。これまでのベトナム様式の建築物は、レンガを用いた古風な造りであ

ったが、これから本格的にベトナムの経済が発展していくにつれて、海外の技術を導入した近代的なビルが主流になる。コア社長はその確信を胸に、建設技術の習得に励んでいたのである。

しかし、その一方で、ベトナムが国をあげてIT立国の宣言を行うなど、ベトナム国内にIT産業の波が押し寄せる予兆も同時に感じていた。ちょうどそのころ、大学を卒業した優秀な人材を研修生として日本に受け入れ、システムエンジニア教育を行うブレインワークスの存在を知る。目の前にあるチャンスを活かせるか否か、コア社長はこのチャンスを見逃すわけにはいかないと強く思ったそうだ。コア社長は1999年から1年間、研修生としてブレインワークスでIT技術を学ぶこと決意した。

IT技術のほか、日本の企業組織のあり方など貪欲に学ぶ

神戸に本店がある株式会社ブレインワークスは、主に中小企業に向けた経営支援を中心に事業を展開している。しかし、今日のようにベトナムが注目を集める以前から、ベトナムの潜在力とベトナム人の優秀さに着目し、ベトナム人ITエンジニアの育成事業を積極的に展開してきた。ベトナムの大学を卒業した優秀なベトナム人をIT技術の研修生としてブレインワークスに受け入れ、日本語教育やソフトウェア開発技術の習得に向けた教育を行っているのである。

同社のベトナム人ITエンジニア育成事業は、主にソフトウェア開発技術の習得と、日本語能力の向上に主眼に置いたカリキュラムとなっている。ソフトウェア開発技術の研修では、まず基礎の部分の教育を徹底的に行う。そして、基本的なプログラミング技術が身についたら、次は補佐役として実際の

開発案件に従事することになる。いわゆる実地研修である。開発の現場で技術を磨くほうが成長も早く、実践に役立つ技術力が身につくという考えだ。

事実、コア社長が研修生時代にプログラムを組んだある企業の管理システムは、いまも順調に稼動を続けているという。コア社長が研修生として来日したのは1999年。それから実に7年もの間、コア社長が携わったシステムが、企業にとって非常に大切な管理面を支え続けているのである。これは、ブレインワークスによる1年間の研修によって、コア社長がいかに高い技術を身につけたのかを裏づけている。

また、ブレインワークスは、前述の通り企業の経営支援を行うコンサルティング会社。当然、組織を効率よく機能させる方法も熟知している。よって、ベトナム人研修生に対しても、あくまでもブレインワークスが築き上げてきた組織運営ノウハウのもとで研修を行っているのである。ビジネスの基礎の部分でいえば、ブレインワークス社員と同じように「報・連・相」や挨拶の徹底、さらに重要な確認事項はすべて書面を交わすように指導。コア社長も研修当時は、この教育方針を徹底的に教え込まれたようだ。

コア社長は1年という短い期間の中で、システムエンジニアの勉強に励み、実績をあげる一方、ベトナムに戻って起業するという自身に課した目標を達成するために、日本のビジネスの運営方法においても貪欲に吸収していった。1日1日を無駄にせず、前進あるのみと努力を重ねていったのだ。しかし、その姿はいたって自然体で、気張った構えもない。外見からは想像できないが、うちに秘めた熱い思いは相当のものだろう。そこに、ベトナム人・コア社長の真の姿がうかがえる。

コア社長いわく「ブレインワークスで学んだ1年間はとても貴重でした。研修を通じて学んだ仕事に対する責任感、プロジェクトを円滑に進めるためのチームワークの大切さは、いまの仕事にも存分に活かされています。そして、なにより神戸という街がとても好きになりました」というように、いかに神戸での1年間が有意義であったかを物語っている。

日本の経営手法を生かして、ベトナムで念願の創業

コア社長の研修生時代を知るブレインワークスの社員によれば、コア社長はブレインワークスのビジネススタイルに相当影響を受けていたようである。「日本のビジネススタイルを肌で感じ、自らがいいと確信した方法論はしっかりと吸収し、ベトナムへ持ち帰る。そして、将来、ベトナムで事業をはじめたときに、ブレインワークスで学んだ組織運営ノウハウを活かしていきたい」といった主旨の内容をコア社長は語っていたという。

1年間の研修を終えたコア社長は、ベトナムへ帰国後、うちに秘めた起業精神のもとそれまで学んだ日本の経営手法を活かすため、まずは建設会社「株式会社NHA VUI」を立ち上げた。前述の通り、コア社長は日本へ渡る前は建設設計の仕事をしていたので、同社の立ち上げは自然の流れといえる。そして、その後もあらゆるチャンスを生かして、次々とビジネスの幅を広げていった。そのひとつとして、日本で学んだIT技術を活かし、大好きな日本とつながりがもてる事業を展開するKOBE~の設立がある。

2001年に創業を開始したKOBE～は、コア社長を含め、日本で5～6年働いた経験を持つ優秀なベトナム人ITエンジニアや、ベトナムでの管理経験豊富な日本人スタッフで構成されている。企業理念は、「日本とベトナムのIT産業をつなぎ、ともに発展させたい」というもの。日本とベトナムの架け橋を目指すKOBE～にとって、双方の国をよく理解する日本人とベトナム人が集まったことは、日本での経験を活かして事業を展開するうえで、非常に重要なことである。

ベトナムに進出するなら、100%独資よりも合弁会社のほうが有利

いまベトナムで日本とベトナム双方のさらなる発展のために日々駆け回るコア社長に、日本企業がベトナムでビジネスを成功させる秘訣をうかがった。コア社長は「ベトナムでビジネスを成功させるためには、ベトナム企業と合弁で会社を設立するのがベストです」と断言する。

独資でベトナムに会社を設立すると、ベトナムという国はもちろん、ベトナムならではのビジネス習慣や文化など、まったく一から経験するしかない。さらにクライアントとの関係づくりも、何もない状態からのスタートである。しかし、ベトナム企業と合弁で会社を設立すれば、ビジネススタイルや風習の違いといったベトナムならではの不安要素が少ないうえに、合弁先企業の既存顧客へ向けたアプローチを会社設立当初から行うことも可能である。海外で新規顧客の開拓からはじめるのと既存の顧客がいるのとでは、運営を軌道に乗せるまでの労力と時間に圧倒的に差がでるのである。

これまでのベトナムの外国投資法では合弁会社設立における規制も多く、日本企業のベトナム投資

は100％独資が一般的であった。しかし、2006年7月1日に「共通投資法」が施行され、投資形態も非常に柔軟に選択できるようになっている。ベトナム企業と日本企業の経営上の不平等も解消され、今後は合弁会社によるベトナム投資が増えると思われる。

KOBE～は、日本で働いた経験を持つベトナム人スタッフと日本人のスタッフが中心で、コア社長が日本で学んだ経営手法も取り入れながら事業を展開している。そのような環境で日々仕事を行うなかで、コア社長は「日本の経営手法やビジネス文化は、ベトナムでも応用できる」と実感している。さらに、ベトナムでは日本企業のビジネススタイルを取り入れようという姿勢もあるという。

これはベトナム企業との合弁会社設立を考えている日本企業にとって、事業を展開していくうえで非常に重要なことである。ベトナムへ投資する日本企業は、当然、ベトナムでの事業ビジョンを描いたうえで進出することになる。そのとき、日本側とベトナム側で絶えず意見のくい違いが生じれば問題である。その点、日本で築き上げてきた経営スタイルが受け入れられる土壌があるということは、合弁会社を設立する際にも非常に有利であるといえる。

経済の成長力だけではなく、コア社長のような人財にも注目したい

ベトナム経済の発展は目を見張る勢いだ。それは、外貨による影響は確かに大きいだろう。しかし、コア社長のような優れた多くのベトナム人がビジネスを行っている影響もある。ベトナム進出を考える日本企業は、経済の成長力だけに魅力を感じるのではなく、コア社長のような人財とともに仕事を行う

ことでビジネスの幅を広げるといった考えも必要だろう。コア社長をはじめとした優秀なベトナム人をパートナーとすることで、おおかたベトナム進出を成功させたといってもいい過ぎではないのではないか。

かつて神戸で学び、いま日本企業とベトナム企業の架け橋として、ともに成長していくことをビジネスポリシーに据えて事業を展開するコア社長にとって、KOBE～の会社設立はまだ通過点に過ぎない。コア社長の〝いま〟は、すべて〝神戸から〟はじまった。大好きな神戸、そして日本とベトナムの結びつきをさらに強め、さらなる発展のために走り続けていくにちがいない。

ケーススタディ⑧

G・A・コンサルタンツ

国立ホーチミン工科大学と提携し、大学内に日本語および日本の工業技術、日本のビジネス文化についての教育に取り組む「G．A．クラス」も設立

【会社データ】

社　名	G．A．コンサルタンツ株式会社
所在地	大阪府大阪市北区芝田2−8−31 第3東洋ビル
資本金	2000万円
設　立	1995年
代表者	代表取締役　勝本健司
従業員数	180名
事業内容	ベトナム進出へ向けての総合プロデュース・コーディネート、ベトナム人材育成事業（ホーチミン工科大学・技術師範大学提携）、技術者受入事業（ベトナム・フィリピン）、情報配信サービス〝ベトナム経済ジャーナル〟〝Window of VIETNAM〟の発行、ソフトウェアのオフショア開発事業

G．A．コンサルタンツの設立は1995年。ベトナムでの「人材育成事業」と育成したベトナム人エンジニアを日本企業へ紹介・入国後のフォローをする「技術者受入事業」を中心に事業を展開している。会社設立から半年後の1996年9月には、ホーチミン市の国立ホーチミン工科大学と提携し、大学内に日本企業への高度技術者の提供を目的とした「日本工業技術研究所（現在名『G．A．クラス』：日本語および日本の工業技術、日本のビジネス文化についての教育を実施）」をベトナム現地に設立。このクラスより、これまで日本企業へ多数のエンジニアを輩出している。

2005年には、ソフトウェアのオフショア開発を手がけるグループ会社、G．A．インフォメーションテクノロジー株式会社を設立。ベトナムのホーチミンオフィスにて、コンピュータシステム・ソフトウェアのオフショア開発、コンピュータシステム導入に関するコンサルティング、CAD／CAM設計などを行っている。

G．A．コンサルタンツの〝G．A．〟には、「General Agents in the Growing. Asia（成長するアジアの総代理人）」でありたいという理念が込められている。成長と発展への明確な意志と情熱を持つベトナムなどアジア各国と、技術力・資本力はあるものの少子高齢化の影響で労働力人口の減少が加速する日本。この両者を結びつけ、アジアと日本の発展に貢献したい。一人の起業家としてG．A．コンサルタンツを立ち上げた勝本健司社長が抱くこの思いは、アジアと日本の将来に新たなビジネスチャンスをもたらしてくれるに違いない。

ベトナムの活気にビジネスチャンスを感じ、人材育成事業をスタート 現地大学との提携に成功し、優秀なベトナム人エンジニアを多数輩出

ベトナムの活気が勝本社長の起業家精神に火をつけた

1995年7月、勝本社長は初めてベトナムへ訪問し、活気あふれるベトナムの上昇気運に強い衝撃を受けたという。当時ベトナムは、1986年にスタートしたドイモイ政策が軌道に乗り、急速に経済が発展をはじめた矢先だった。

ドイモイ政策とはこれまでの社会主義路線を大幅に見直して、市場経済の導入を進めるベトナムの新しい国づくり政策。外資の導入も積極的に行い、ベトナム最大の経済都市ホーチミンでは巨大ビルが次々と建設され、道路や交通機関などのインフラ整備も急速に進められていた。街を行き交う人々の顔には希望が満ちあふれ、まさに街全体が活気にわいていた。さらに、ベトナムは人口の約65%が30歳未満と将来市場としても大きな潜在能力を持つ魅力的な国でもあった。

一方、当時の日本はバブル崩壊後の経済不振を引きずり、国全体が暗い雰囲気に包まれていた。さらに少子高齢化による影響が本格的に懸念され出したのもこのころで、将来の日本経済の先行きにみんなが不安を抱きはじめていた。このような日本の現状がある中で、飛行機の直行便で約6時間という近距

離にこんなにも輝いている国がある……。日本の暗い雰囲気に浸っていた勝本社長にとって、活気あふれるベトナムとの出会いは大きな衝撃であった。当時の勝本社長は、まだ大手人材情報企業に勤務中の身。しかし、その会社はチャレンジ精神あふれる風土で、チャンスがあれば起業する、そんな気概に満ちた人材が多く集まっていた。そんななかにいても、アグレッシブで果敢なパワーが際立っていた勝本社長にとって、経済不振にあえぐ日本と勢いに乗るベトナムとの落差が相当激しく心に響いたに違いない。同時に、今後、少子高齢化が進み人材不足が深刻化するであろう日本の現実を見つめたとき、若い人口が多く急速に発展を続けるベトナムで事業を開始することは、大きなビジネスチャンスであると感じないわけにはいかなかった。勝本社長の起業家精神に、このとき火がついたのである。

ベトナムへ訪問してから4カ月後、勝本社長は勤めていた会社に辞表を提出。その突然の決断に、周囲からは「一度行っただけで、本当にベトナムビジネスをはじめるのか」との驚きの声もあったが、ベトナムの活気に強い確信を抱いていた勝本社長は決意を曲げなかった。会社を辞めたあと、G・A・コンサルタンツを設立したのである。

日本工業技術研究所をベトナムに設立

会社設立後、まずはベトナムへ進出する企業の総合コンサルティングを中心に手がける。ベトナム現地に会社を設立する際の進出形態や法的問題、現地調達から事前調査（F／S）にいたるまで、ベトナムビジネス全般をサポートする事業を展開していたが、会社を立ち上げてから半年後に転機が訪れる。

ホーチミン市にあるホーチミン工科大学の日本語クラスに訪問した際、そこで面談した教師から「日本語のクラスを続けたいが運営資金がない。しかも日本語を学ぶ学生たちは、クラスを卒業してもベトナムでは学んだ日本語を使って働く場面も少ない」と悩みを打ち明けられたのだ。勝本社長は、大手人材情報企業で長年勤めていたいわば人材ビジネスのプロ。ホーチミン工科大学クラスの優秀な学生であれば日本でも十分に活躍できると確信、優秀な人材を求める日本の企業をスポンサーにして資金を集めて日本語クラスを運営し、スポンサー企業にクラスを終了した学生を紹介するビジネスモデルを考案した。そして、このビジネスモデルをもとにホーチミン工科大学と提携して、日本語や日本の工業技術、日本文化を学生に教育する「日本工業技術研究所（現G・A・クラス）」を工科大学内に設立したのである。勝本社長の得意分野でもある人材育成事業の開始を機に、G・A・コンサルタンツは本格的に発展をはじめることになる。

裸一貫で独立し、世の中の善悪を身をもって経験

G・A・コンサルタンツ立ち上げ、「ホーチミン工科大学内G・A・クラス」の設立と、ベトナム関連の事業が順調に展開しているように見えるが、実際には問題も多かったという。G・A・コンサルタンツ立ち上げを企画していた1995年当時は、ベトナムへの第1次投資ブームがはじまった矢先。当然、ベトナムへ進出していた日本企業はまだ少なく、信頼できる情報を集めるのに苦労したという。

勝本社長は会社設立前後、情報収集と勉強のためにベトナムに駐在経験を持つ日本人ビジネスマンを

中心に、日本・ベトナム双方で次々に訪問を重ねた。当時はベトナム専門で事業をはじめること自体が非常にめずらしかったこともあってか、突然の訪問にも関わらず多くのベトナムビジネスの経験者や中小企業の経営者がアドバイスや助言をくれ、人を紹介してくれたり、事業に協力してくれた人も多かったという。一方で、ただ働き同然で利用されたり、共同事業などの話で資金をだまし取られかけたりと苦労も多かった。大企業の組織から裸一貫で独立した当初は、「世の中には親切ですばらしい人物も、悪い奴も山ほどいる」と驚いたという。

ベトナム進出の支援も行う勝本社長は、可能であれば100%独資の会社設立が望ましいと語る。

100%独資でベトナムに会社を設立したある繊維メーカーでは、以前中国に合弁会社を設立し、失敗した経験を持つ。日本側の出資元である繊維メーカーは、中国に生産拠点を移すことで生産コストを削減し、安く商品を仕入れる計画を立てていた。しかし、中国の合弁先企業は、出資元の繊維メーカーの競合会社に商品の販売を開始したのである。

この中国での合弁会社は、中国側の出資比率が51%以上になっており、中国側パートナーの主張は「競合会社に売るほうが儲かる。儲かるほうに売るのは当然」であった。これでは、日本の繊維メーカーは資金を出して技術の指導も行い、競合会社のために会社をつくったようなものである。この繊維メーカーは、その後ベトナムに100%独資で会社を設立し、いまは順調に稼動している。これは中国の例で、この1件だけで合弁会社設立を否定してしまうものではない。合弁先の企業の見極めには十分注意を払う必要があるという教訓である。

ベトナムでは2006年7月1日、外国投資法にかわり「新投資法」が正式にスタートした。これまでの外資法による投資形態では、「独資・合弁・BCCなど」は選択できたものの、投資比率でマジョリティーをとっても、経営上のマジョリティーは確保できなかった。市場主義社会の経営常識からみると不合理で不可解な項目も多く、ベトナムへ投資する際は、勝本社長も主張する100%独資で進出する傾向が定着していた。

しかし、新投資法ではベトナム企業と外国企業を同じ土俵に乗せ、外国企業に公平な投資環境を提供することを目的にしている。この新投資法が施行されると、これまでとは違い、ベトナム企業と外国企業が対等の立場で共に発展していくことを目的とした投資も増えてくると思われる。近い将来、ベトナムへの進出を考える日本企業が海外での事業展開を明確に描いたうえで、より柔軟に投資形態を選択できる時代が来るだろう。

「ビジネスとはどういうことか」ということを共有すべき

ベトナム人は、プライドやメンツを日本人以上に大事にするので、人前で叱るのはよくないという。しかし、それ以上にベトナムのビジネス社会の歴史が浅いことで、しばしば日本人と認識のくい違いが生じるという。

ベトナムのビジネス社会が本格的に発展をはじめたのは、1986年にスタートしたドイモイ政策以降と非常に短い。一方、日本ではビジネス社会が一般化し、子どもは親の姿から仕事とはどういうものかを学んできた。たとえば、取引先を接待に招くこと、残業で帰りが遅くなること、会社の人間とのつき合いなど仕事の時間以外の部分に対しても、それは仕事をスムーズに行うために必要なことであるとの認識がある。

しかし、ベトナムではビジネスの歴史が浅いので、仕事とはどういうものか、その考え自体の蓄積がベトナム社会には少ないのである。日本人は特に意識することなく、仕事に対する認識やマナーを身につけていて、日本のビジネスマンにとって当然であることがベトナム人にとっては普通ではないこともある。大切なのは、そのことをベトナム人も日本人も相互に理解し、仕事とはどういうものかということを共有することであるという。

「ホーチミン工科大学内G・A・クラス」は、日本語教育の一環として、挨拶や日本文化、ビジネスマナーの研修を行っているという。日本で教員免許を取得した日本人の教師をベトナムに派遣して教育を実施するなど、「ホーチミン工科大学内G・A・クラス」の教育システムはベトナムで最高レベルであると勝本社長は自負している。

「G・A・ベトナム人エンジニア」の学生を受け入れるメリット

G・A・コンサルタンツが「ホーチミン工科大学内G・A・クラス」を設立したことにより、ベトナム国内のきわめて優秀な人材を確保できるようになったと勝本社長は語る。というのも、ホーチミン工科大学は、日本でいえば東京大学、京都大学などトップの学歴で、かつ理系大学。さらにベトナムでは、国立大学に入る学生の比率は学年全体の3%程度と、非常に狭き門を勝ち抜いてきた学生なのだ。工業技術に関する知識や学力はもちろん、コミュニケーション力やリーダーシップ力といった数字には表れにくい部分も含めて、ホーチミン工科大学のG・A・クラスで学ぶ学生たちは能力が高いという。エンジニア不足に悩む製造業など日本企業にとって、これほど優秀なベトナム人の学生を採用できることは大きなメリットである。

ただ外国人をはじめて採用する日本企業は、やはり最初は抵抗があるという。しかし、一度でもG・A・コンサルタンツからベトナム人を受け入れた日本企業は、9割の確率で再度ベトナム人の採用を希望するという。このことは、ベトナム人が日本企業で活躍できる事実を示している。

勝本社長は、日本企業にとってベトナム人の学生を受け入れることの根本的なメリットは、別のところにあるという。今後、少子高齢化などの影響で市場規模が縮小に向かう日本において、事業の将来を考えた場合、単にいま必要な人材を確保するだけではなく、中長期的視点でベトナムなどアジアへの進出も視野に入れておく必要がある。

しかし、実際に海外へ進出するとなると、拠点周辺の調査や文化的な背景、ビジネスにおける習慣の把握など綿密に行わなければならない。そのとき事前に現地スタッフを採用し、共に働き、文化や習慣、ビジネスマナーなどを共有しておくことで、実際の進出が非常にスムーズに運ぶという。G・A・コンサルタンツでは、単なる人材紹介にとどまることなく、将来の進出も視野に入れた戦略的な視点で事業を展開している。

外国人の受け入れは、今後の日本の重要課題

いま日本では、中小企業の製造業を中心に深刻なエンジニア不足に陥っている。理系の学生が採用できないのだ。かつて大手人材情報企業にいた勝本社長にとって、これは今後の日本の将来を左右する重要な問題であると指摘する。

そもそも理系の大学に進む学生は、将来エンジニアになることを目指しているわけではない。要は、数学の偏差値が高かったという理由で大学に入ることが多い。そして、いざ就職する際には、イメージのいい企業・おしゃれな仕事を選択することになる。勝本社長いわく「将来エンジニアになるため理系の大学に入学し、技術を勉強し、製造業へ就職し……といった大学システム自体がすでに崩壊している」という。

一方、ベトナムは工業立国を目指し、国全体が「工業化を進めて豊かになるんだ」という意識を持って、学生も大学も企業も同じ方向へ進んでいる。エンジニアになるという明確な意思と目標を持って勉強してきたベトナムのエンジニアを日本へ受け入れること。それは、中小企業をはじめとする製造業に新たな活路を見出すことになる。この日本経済をここまで発展させたのは、そもそも中小企業を中心とした製造業である。ベトナム人エンジニアを戦略的に採り入れることが、今後の日本の製造業の元気力、そして日本経済全体のさらなる活性化につながると勝本社長は語る。

仕事は「人」がすべて

「何よりも、優秀な人材とめぐり合うこと。企業は人がすべてです」と勝本社長は言い切る。「優秀な人材」というのは、つまり日本的な文化や考え方、習慣を理解して働いてくれるし、ベトナムの考え方もきちんと翻訳して伝えてくれる、まさにベトナムと日本のつなぎ役となる人材のこと。そして、日本企業側がベトナムという国を理解する努力が必要であるという。

また、ベトナムはビジネス環境の変化が激しい。海外からの投資環境も次々に改定されるし、社員の平均給料もどんどん上昇している。ベトナムへ進出を果たし現地に駐在する日本人の中には、ベトナムの中にいながら、日々変化するベトナムの社会から取り残されていることもあるという。それでベトナム進出企業全体を語るのは間違いだが、すでにベトナムへ進出している企業も、これから進出しようという企業も情報感度を磨き、常にアンテナを張って必要な最新情報を積極的に集める努力が必要である。

ベトナムは文化的にみて日本と共通点が多い。ベトナムは地理的には東南アジアに位置するが、文化的には韓国、台湾、日本と同じく中国文化の影響を色濃く受けている。年上を慕い、人道的な善を大切にする儒教の精神も日本と同じだ。さらに、ベトナム人は環境適応能力も高いという。ベトナムでのビジネスを計画している企業は確かな現地の情報をもとに、優秀なベトナム人をビジネスパートナーとして採用し、共に理解を深め合いながら仕事を行うことで、ベトナムという魅力あふれる新天地の開拓につながるのである。

■参考・引用文献と注釈

〈第1章・第2章：第1表～第8表〉

第1表／出所：General Statistics Office, STATISTICAL YEARBOOK 2004
注：ブルネイを除く「東アジアサミット」参加国とBRICsを列挙

第2表／出所：表1と同じ
引用：Table 2.2B, Vietnam Development Report 2006, Business, Joint Donor Report to the Vietnam Consultative Group Meeting, Hanoi, December 6-7, 2005
注：実質経済成長率（%）。基準1994年価格（ドン）。2003年と2004年は予想

第3表／出所：Vietnam Economic Times, Issue 144, February 2006
注：上位20カ国を抜粋

第4表／出所：国際機関・日本アセアンセンター『2005 ASEAN-JAPAN』
資料：International Monetary Fund, Direction of Trade Statistics Yearbook 2004.

第5表／出所：第4表と同じ
資料：日本関税協会『日本貿易月表2004　12品別国別』
注：出所ではシェア順に記載

第6表／出所：Vietnam Economic News, No.13 Vol.6, Tue. March 28, 2006
注：出所におけるSANYO SIAOLURIONS Vietnamの輸出は7,522となっているが、同社は日系企業でないとみなした。なお、数値未記入は出所の図表に記載されていないことを意味する

第7表／出所：筆者の聞き取り調査による

第8表／出所：http://www.adb.org/Documents/Books/Key_Indicators/2004/default.asp
引用：Asian Development Bank（アジア開発銀行）, Key Indicators 2004: Poverty in Asia: Measurement, Estimates, and Prospects, On-line edition, 2004.
注1：第3段階の教育水準のこと。日本の高校に相当
注2：この数値100%は、所得分布における高所得者層と低所得者層が同数存在することを意味する。100%よりも数値が低く（高く）なれば、低所得者層の人口が相対的に増加（減少）する

注3：ジニ係数の最小値0は完全平等を示す。所得が1人に集中している完全不平等のとき、最大値（1－1/n）をとる（nは構成人数である）

〈第1章～第5章：本文内〉

（注1）Yoshiaki UEDA, 〝Comments on 〝Enterprise Groups in East Asia〟 by Hamilton, Orru and Biggart〟 証券経済　第126　1987年12月30日（日本証券経済研究所）

（注2）Saigon Times, YOUR FDI GUIDE, No.2, 6, February 2006

（注3）Yoshiaki UEDA, 〝Comparative Characteristics of Vietnamese Workers among State-owned, Japanese and Korean Companies in Vietnam: Part I & Part II〟『流通科学大学論集』第12巻第3号（2004年3月）、第13巻第3号（2005年3月）

（注4）古森義久「投資の楽園」ベトナムの惨状（『諸君』1998年12月号　文藝春秋）

（注5）上田義朗「ベトナム・中国：統計比較（上・下）」、日本ベトナム経済交流センター『日越経済交流ニュース』第139・140号、2005年8月・9月

（注6）『産経新聞』2005年7月13日

（注7）廣畑伸雄『カンボジア経済入門』（日本評論社）

（注8）古田元夫『ベトナムの現在』（講談社現代新書）

（注9）ベトナム・中国華南流通調査隊編集委員会編『ベトナムの素顔：中国華南～ベトナム3,350㎞の旅』（流通科学大学）

（注10）樋口健夫『ベトナムの微笑み：ハノイ暮らしはこんなに面白い』（平凡社新書）

（注11）『ベトナム発展報告2006：ビジネス』（Vietnam Development Report 2006: Business）

（注12）10 benefits of the WTO trading system, Nha xuat ban The Dioi, Ha Noi, 2001.

（注13）The Saigon Times Weekly, March 25, 2006.

（注14）在ベトナム米国商業会議所の会員向けの英文資料（2006年5月31日付）

（注15）Vietnam Investment Review, No.739, Dec. 12-18, 2005. Vietnam Economic Times, Issue 142, December 2005

（注16）上田義朗「ベトナム株式投資の時代到来：投資信託と個人投資」『日越経済交流ニュース』第１４３号、２００５年12月

（注17）Viet Nam News, December 31, 2005

（注18）Byoung-Jo Chun, Shigeko Hattori, Xuechun Zhang, Jin W. Cyhn and Bui Trong Nghia, Viet Nam Capital Market Roadmap: Challenges and Policy Options, Asian Development Bank, September 2003.

（注19）The Saigon Times, Weekly, May 20, 2006

〈企業事例集〉
ベトナム経済研究所（編）・窪田光純著『図解★早わかり ベトナムビジネス』（日刊工業新聞社）
関満博著『ベトナム南部に進出する日本企業』（RIETI Discussion Paper Series 04 - J - 038）

■ベトナム株式投資で役立つＷｅｂサイト＆ＢＯＯＫ

ベトナム株式市場の情報について日本語の主要サイト
http://viet-kabu.com/
http://www.asianstocks.info/

ベトナム投資奇行
http://vkabu.cocolog-nifty.com/vkabu/

新興国市場の急成長を楽しむ会編著『Ｂ（Ｖ）ＲＩＣｓ投資スタート』（インデックス・コミュニケーションズ）

『いっきにわかる「投資ファンド」の始め方・儲け方』（『別冊宝島』1331号　宝島社）

Dragon Fundと運用会社Dragon Capital
http://www.capital.co.jp/index.html

そのほかの証券投資ファンドは、２００６年7月現在で以上の3件を除いて14件ある。

上田義朗（うえだ　よしあき）

１９５５年5月大阪生まれ。箕面市在住。７８年神戸大学経営学部卒業後、同大学院経営学研究科博士後期課程単位取得。その後、財団法人・日本証券経済研究所大阪研究所研究員を経て、８８年から流通科学大学助教授に（のち教授)。98～99年、ハノイ国民経済大学客員研究員。専攻は、企業論・比較企業論・ベンチャー起業論・アジアビジネス論。日越経済交流センター副理事長を兼務。現在、ベトナム現地法人「ロータス証券投資ファンド運用管理会社：Lotus IMC」の投資諮問委員会・委員長に就任。

ブレインワークス

株式会社ブレインワークス（http://www.bwg.co.jp）は、情報共有化支援を軸に、ITをツールとして駆使し、企業の経営革新の実現を支援するペースメーカー(伴走者)。「人・組織・ＩＴ」の再構築で、自立型企業への変革をサポートする。ブレインワークスグループ（ＢＷＧ）として、経営支援・セキュリティ支援、ITアウトソーシング支援など、中堅・中小企業の総合支援事業を展開。経営環境の変化が著しいなか、企業に有効な支援サービスの提供を目指し、ベトナムビジネスについても、現在のようにベトナムが脚光を浴びる以前から取り組んでいる。定期的にベトナム視察ミッションを展開するなど、ベトナムへ進出する企業の支援も手がける。

乗り遅れるな！　ベトナムビジネスがいま熱い

2006年8月10日［初版第一刷発行］
2007年4月20日［二版第一刷発行］

著　者　上田義朗・ブレインワークス

発行者　玉置哲也

発行所　株式会社カナリア書房
〒141-0031　東京都品川区西五反田6-2-7ウエストサイド五反田ビル3F
TEL　03-5436-9701　FAX　03-3491-9699
http://www.canaria-book.com

装　丁　新藤　昇

印刷・製本所　株式会社ナポ

ISBN978-4-7782-0029-9 C0034